现代科普博览丛书

世界地理与科学鉴定

SHIJIE DILI YU KEXUE JIANDING

杨天华　编

黄河水利出版社
·郑州·

图书在版编目(CIP)数据

世界地理与科学鉴定/杨天华编.—郑州:黄河水利出版社,2016.12 (2021.8 重印)
(现代科普博览丛书)
ISBN 978-7-5509-1495-7

Ⅰ.①世… Ⅱ.①杨… Ⅲ.①地理-世界-青少年读物 Ⅳ.①K91-49

中国版本图书馆CIP数据核字(2016)第175274号

出版发行:黄河水利出版社
社　址:河南省郑州市顺河路黄委会综合楼14层
电　话:0371-66026940　　邮政编码:450003
网　址:http://www.yrcp.com

印　刷:三河市人民印务有限公司
开　本:787mm×1092mm　1/16
印　张:11.25
字　数:160千字
版　次:2016年12月第1版　2021年8月第3次印刷
定　价:39.90元

目　录

亚　洲

长年冰封的白令海峡

地处亚洲大陆东北端和北美洲大陆西北端之间的白令海峡，因1741年俄国探险家白令曾来到这里而得名。它的东端是美国阿拉斯加州的威尔士角，西端是苏联的迭日涅夫角，南、北与白令海和楚科奇海连接，是沟通北冰洋和太平洋的唯一航路。这里长年冰封，大雾弥漫。

白令海峡宽35~86千米，水深最浅处只有42米。每年6月到10月，北冰洋水位降低，太平洋较暖的海水大量流入北冰洋，而北冰洋的海水几乎不能流入太平洋。

北海航线是大西洋与太平洋之间的最短航线，而白令海峡是扼北海航线的出口。从苏联的列宁格勒到海参崴，走北海航线约为14280千米，走大西洋–地中海–苏伊士运河–印度洋–太平洋航线为23200千米，绕过非洲南端的好望角航线为29400千米，所以说北海航线是沟通太平洋与大西洋的捷径。这里冰冻期长，每年通航期只有2~3个月，从70年代起，苏联大力发展核动力破冰船和卫星导航技术，并采用各种手段对白令海峡进行调查、摄影和制图，企图控制白令海峡的出口。美国也在海峡靠近苏联的地方设置观察站用来监视苏联的活动。

在白令海峡中央有两个小岛，属于苏联的叫克拉特曼诺夫岛（也称大代沃米德岛）；另一个属于美国的叫克鲁逊什特思岛（也称小代沃米德岛）。两个岛相距不到4千米，但因国际日期变更线从中穿过，使两个岛的日期相差1天。

朝鲜的名山——金刚山

金刚山位于朝鲜中部东海岸，风景优美，为朝鲜第一名山，素有“不到金刚山，不算到朝鲜”之说。金刚山南北长60千米，东西宽40千米。素称12000峰；寺院100多座。主峰昆卢峰，海拔1630米。

金刚山多奇岩怪石、松林云海和湖潭瀑布，且四季变幻无穷，颇为壮观。金刚山可分为以溪谷称奇的内金刚、以山岳闻名的外金刚、以湖光称著的海金刚三部分。其中以外金刚的万物相和九龙渊、梅金刚的三日浦最有代表性。

万物相区，一路山峰兀起，奇峰怪石千姿百态。“天女峰”如亭亭玉立的仙女，“三仙岩”似翘首蓝空的三位神仙，“鬼面岩”像恶鬼凶魔，令人生畏。各种各样的形象的岩石，使游人仿佛来到一个动物世界，妙趣横生。

九龙渊，到处是溪流悬瀑和湖塘深潭。著名的玉流洞，溪水流过平滑的岩石，如轻纱白绫覆玉石，溪水泄进水潭，溅起水晶般的浪花。玉流洞水潭深不见底，澄清碧绿。金秋之季，枫叶似火，水碧林红，如入画中。著名的九龙瀑布，是朝鲜三大瀑布之一。它高70余米，瀑布凌空而下，泄入13米深的九龙潭，声震山谷，气势磅礴，颇为壮观。

三日浦则是朝鲜八大景观之一。它是一个方圆8千米的椭圆形淡水湖。四周山峰耸立，松林成片，亭阁遍布；湖边白沙洁净，草绿花红；湖内清波粼粼，是划船荡舟的天堂，令人流连忘返。

秀丽多姿的金刚山，自古闻名，难怪我国古代有位诗人写下了“愿生高丽国，一见金刚山”的诗句！

“第一江山”的平壤

具有1500年历史的平壤，素有“第一江山”的美称。今日的平壤有80%的面积是绿化地，绿化地910万公顷，平均每人占绿化地面积75平方米，其中公园绿化地面积47平方米，为亚洲之最。平壤到处是苍松翠柏，遍地是花坛草坪。千里马大街长20千米，宽60米，路中有5米宽的栽满各色鲜花和绿色的分车道。大街两旁的高楼鳞次栉比，百花斗艳。市内有大小公园数十座，沿街还有许多儿童乐园。流经市区的普通江中的小岛全都装饰成水上花园。

平壤所有的公园、风景区、纪念地和名胜古迹都没有围墙，全部为绿树和鲜花所环抱。

朝鲜政府规定，“凡是能植树造林的地方，一律不得荒废，山林实行循环式采伐”。所有城市建筑动工之前，必须准备好树苗和草皮，植树造林是每年青少年夏令营的一项重要内容，在青年中，自发组织了许多“绿化近卫队”，每天利用课余时间到公园、街道义务管理树木花草、浇水培土、修剪枝叶、整理花坛。这不仅保护了城市的绿化环境，而且培养了青少年的优良品质。现在，平壤已成为世界上最美丽、最洁净的城市之一。

美丽的富士山

在东京西约80千米处,耸立着一座日本的名山——富士山。她是日本的象征和骄傲。日本人民把它看作崇高理想和美好事物的化身。

富士山呈圆锥形,海拔3776米,是日本的最高峰。富士山是一座年轻的火山,最后一次喷发是1707年的事。它那山麓上一座座千姿百态、神秘莫测的洞穴,山顶上碧波荡漾的巨大湖泊,都是火山喷发的杰作。富士山顶峰上有造型别致、古香古色的久须志神社和浅间神杜两座圣庙;山峰北麓有景色旖旎、各具特色的"富士五湖";山峰南麓,是一片莽莽草原,观赏满坡牛羊别具情趣,富士山的白系瀑布和音上瀑布,飞流直下,水花迸溅,景色魅人,设置在风景区内布置得体而花样繁多的博物馆、体育场、植物园、野生动物园更会使人兴趣盎然。

富士山的山峰,一年内至少有10个月白雪盖顶,远远望去像一顶白色的斗笠,也像一朵倒挂的白莲。每年春天,消山樱花竞放,姹紫嫣红,五彩缤纷。富士山美丽迷人的湖光山色,吸引着国内外成千上万的游客,成了世界闻名的游览胜地。

东京的"阳光城"与"地下城"

东京,是座既繁华又整洁、美丽的世界名城,市内条条街道纵横交错,密如蛛网。但是,街头巷尾,处处绿树成荫,百花斗艳。

近年来,由于抗震技术的提高,东京的高层建筑如雨后春笋,拔地而起。在池袋街区的所谓"阳光层"高层建筑中,以高达240

米的"阳光60层"大厦最为引人注目。还有高200米、52层的新宿住友大厦,40层的贸易中心大厦,47层的王子饭店,50层的新宿野村大厦,55层的新宿三井大厦等,它们形状各异,各有特色。在大厦高楼之间,有条条密如蛛网的立体交叉高速公路,每天都有四五百万辆次的汽车穿梭其间。

为了寻找地皮,为了减轻地面负担,20世纪20年代开始,东京就积极发展地下铁路,把城市的主要部分紧密地衔接了起来。有趣的是,东京还有20多个地下商店街;其中位于高达12层的"东京站"旁的八重洲地下商店街是东京乃至全世界地下商店街中最大的建筑。这一地下商业区由两条长街构成丁字型。顶部距地面5米,面积约14万平方米。分三层:第一层为商店街,两侧有250多家商店,商品繁多,琳琅满目,街上还有"产水的广场"、"石的广场"和"花的广场"三个大广场,布置奇巧,悦人心扉;第二层为停车场,可容纳520辆汽车;第三层则安装电气、空调、供水和排水设备。

华侨、华裔最多的地区

华侨、华裔在世界各地分布很广,但以东南亚地区最为集中,是世界上华侨、华裔最多的地区。据估计,东南亚各国华侨、华裔总数达1482万人,占东南亚总人口的5.1%,占全世界华侨、华裔总人数3/4。他们大部分集中在城市和工矿区,常占当地人口的极大比例。如新加坡和堤岸占3/4,曼谷占1/2,吉隆坡占3/5,棉兰占1/3。东南亚华侨主要是从福建、广东迁去的。

为什么东南亚的华侨、华裔这么多？这是有其历史原因的。

中国和东南亚很早就有密切的联系,这在秦汉时期,由于文化和贸易的往来，就开始有中国人移居东南亚。明末清初，不满清朝统治的明朝臣民，移居东南亚的也不少，但是大量移民主要是在近百年来帝国主义入侵中国之后去的。现在华侨、华裔在世界上分布的情况，可以这样说，凡是有海水流到的地方都有华侨、华裔的足迹存在。

中印半岛的“热带丛林”

中印半岛地处热带，雨量充沛，植物生长繁茂，森林面积广布，越南、柬埔寨、老挝三国总面积的一半是属于“热带丛林”。丛林里树种繁多，在100平方米之内就有30多种。树木高大稠密，成层生长，多达四五层，最低一层是一人高的草本植物，草本上面长着多刺的灌木和长长的藤本植物，藤条像大蟒一样缠着树干绕来绕去，从这棵树攀到那棵树。这种藤条非常坚韧，用斧头也不易砍断，最上层是高达40~60米、直径1米多的乔木，乔木上面又有许多附生植物，大树上面长小树，小树上面又长小草，一年四季花开、花落，万紫千红，好似一幅美丽的“空中花园”。

热带丛林是中印半岛的一座“宝库”，生长着柚木、紫檀、楠木、乌木、花梨木、龙脑香和玉桂树等珍贵木材。丛林里有许多重要树木可以割取树脂做香料、药剂和工业取料。此外，丛林中还有多种野生果木，如野香蕉、芋头、木薯等。

热带丛林中还栖息和繁殖着400多种热带野生动物和1000多种鸟类。其中虎、豹、象、犀牛、猴子、山羊和孔雀等都是有名的珍贵动物。

东南亚的橡胶业

东南亚是世界上天然橡胶的主要生产地区,橡胶产量占全世界总产量的80%以上。而东南亚本来不产橡胶,20世纪初,随着世界上汽车等工业的发展,西方殖民者才把橡胶移植到这里。

橡胶树,原来生长在南美洲,是亚马孙河流域热带雨林中的一种野生植物。最早懂得使用橡胶的是印第安人,他们用刀子划破野生橡胶树的树皮,就流出一种白色的汁液,再加上腊,就凝固成生橡胶。印第安人用这种硬化了的汁液做成“胶球”玩耍。还做成简陋的“雨鞋”和“雨衣”,在雨天使用。1493年,哥伦布第二次航行到美洲,曾把这种“胶球”当作珍品带回了欧洲,并把它放进了博物馆。

随着科学技术的发展,橡胶制品的用途越来越广,需要量大大增加。许多欧洲商人到巴西购买土地,雇用当地劳工大规模种植橡胶树。于是巴西当时被称为“橡胶王国”。

1876年,英国旅行家亨利·威卡姆在巴西收购了7万颗橡胶树种籽,雇用一只木船偷偷运回英国,并在暖房里培植成橡胶树苗,然后移植到东南亚。移植到斯里兰卡的2000棵橡胶树苗首先获得成功。后又移植到新加坡、马来西亚、印度尼西亚等国。从此,东南亚的人工种植橡胶园迅速发展。

现在橡胶生产在东南亚各国中占有很重要的地位。被称为“橡胶王国”的马来西亚,橡胶园的面积占全世界橡胶园总面积的40%,1980年橡胶产量为160万吨,占全世界天然橡胶总产量的40%以上。出口148万吨,约占全世界天然橡胶总出口量的一半。印度尼西亚是世界上第二大天然橡胶生产国,1980年橡胶产量为92万吨。

柬埔寨的浮稻

柬埔寨的经济以农业为主，农业中最重要的作物是水稻，它的种植面积占全部农地的4/5。稻米是柬埔寨人民的主要粮食，也是最重要的出口物资，占出口总值的70%左右。所以，稻米在柬埔寨经济上有十分重要的意义。

柬埔寨水稻主要集中在湄公河、巴沙河及洞里萨湖两岸的地区。本区因属于热带季风区，一年分为旱、雨两季，河湖的水位也是随季节而涨落。柬埔寨劳动人民在与自然界做斗争中，经过长期的实践，培育出适应当地条件的优良的稻种，其中最特殊的称为浮稻，又称深水稻。这种浮稻茎可以高到6~7米。每年5月间雨季来临之前下种，随着降雨的增加，受淹土地上的水位不断增高，稻杆也不断向上生长。在马德望附近洞里萨湖和湄公河两岸以及金边市以南的严重淹没区里，虽然一片汪洋，但总可以看到碧绿的稻叶在水面上浮动，成为这一地区的最大特色。到了次年1月到3月间洪水退出以后，稻子也就成熟，可以收割了，这种稻子生长期达9个月以上，品质很好。

闻名世界的吴哥古迹

吴哥古迹是柬埔寨珍贵的历史遗产，也是人类古代文明的灿烂瑰宝。吴哥立于金边西北约240千米，在洞里萨湖北面遇粒市的北方约5千米。吴哥在公元9世纪至15世纪期间是高棉国的首都，其古迹主要是公元9世纪至13世纪期间所建成的宏伟的石构建筑的王宫庙宇，以及这些建筑物中精美的石刻浮雕。它包括

大、小吴哥两地的吴哥王城和吴哥寺，共有大小各式建筑物600座，散布在约45平方千米的森林中。

吴哥地区最杰出的古迹是吴哥寺，本地人称为吴哥窟，是“塔城”的意思，也称小吴哥。为公元1113至1150年间所建，位于吴哥城的南郊，它的主要建筑物为石筑的重楼高阁，主殿为五座尖塔，最大的一座高达66米，形态雄伟，装饰精巧，寺内还有极生动细致的浮雕石刻，其中著名的“浮雕回廊”四边合计长达800米，高2米多，摹刻手法精巧细致，人物姿态生动，形象逼真。整个吴哥寺有内、外石围墙两重，规模宏大，布局严谨，建筑壮丽，是古代高棉建筑艺术的最高成就。

吴哥古迹的另一部分是吴哥城，本地人称为“吴哥同”，是大吴哥的意思。大吴哥城周围有10千米，城的中心有巴我寺和皇宫等建筑，以及其他许多石庙、石塔、石像等。皇宫已毁，仅剩遗址，吴哥城的建筑因范围广大，比较粗犷。但这些石造宫殿和佛寺，层层屹立，雄伟壮观。许多建筑都是用巨大石块砌成的，有的石块重达几吨，石块上刻着各种形态的佛像，有的高达数丈，形态生动。这些雄伟而又华丽的建筑，充分反映了古代高棉人民的智慧和艺术才能，这是全世界封建社会时代都市中所不多见的。

“胞波”的由来

在缅甸民间流传着许多有关中缅友好的神话故事，《三个龙蛋》就是其中的一个。据说有一位龙公主，为看守4位佛祖的金杯而在海岛上遨游时，邂逅了太阳神。他俩一见倾心，彼此相爱，后来龙公主生了三个龙蛋：一个在诞生地破裂，成为有名的宝石，因而缅甸盛产宝石；一个孵化成女孩，由许多神仙把她护送到中国，后来成为皇后；另一个孵化成男孩，由一位骠族老汉把他抚养成人，聪明而又力大无比，是位神箭手。他为民族除害，后来成为缅甸历史上有名的骠族国王骠苴低。

这个神话，在缅甸流传很广。他们把两国人民都当作是太阳神的后裔，是一母所生的同胞，亲如骨肉的兄弟，故缅甸人称他们为“胞波”（缅语：即“一母所生的同胞”）和“瑞苗”（缅语：即亲戚）。

缅甸的“万塔之城”——蒲甘

美丽富饶的伊洛瓦底江，是友好邻邦缅甸的第一大河。举世闻名的“万塔之城”——蒲甘，是缅甸古老而灿烂的民族文化中的一颗晶莹夺目的宝石，点缀在伊洛瓦底江中游东岸的绿色地毯上。

被誉为“东方文化宝库”之一的蒲甘，建成于9世纪中叶，是古代缅甸第一个统一的封建王朝蒲甘王朝的王都。

蒲甘王朝的创建者阿奴律陀王崖信佛教，在他的积极提倡下，佛教寺塔兴建成风，盛极一时。在短短的二三百年期间，一座方圆不过几十里的蒲甘城，前后左右，处处寄塔簇拥。据说最盛时有佛塔444万余座，号称“四百万宝塔城”。数量之多，是该城人口数的数百倍。但是近千年来，随着缅甸政治中心的南迁和19世纪殖民主义者对缅甸的摧残蹂躏，“万塔之城”惨遭破坏。大大小小的寺塔，倾塌的倾塌，毁坏的毁坏，有的仅剩遗址，有的无址可寻，现在幸存的不过5000多座。

蒲甘的佛塔，几乎集缅甸一切建筑艺术形式之大成，除少数

是石料建造的外，绝大部分是就地取材烧砖砌造的。这些塔，有的金光闪闪，有的洁白素雅，有的红里透蓝，颜色各异。小的塔，仅及一间民房，大的塔，高达60米以上，重楼复阁，巍峨壮观。塔顶，有圆有尖，有的既圆且尖，呈金钟形、覆钵形，气势雄伟，风格独特。塔中的佛像，小的长不足1~2厘米，大的高可数丈，有碎石堆的，有大石砌的，有泥土塑的，有的通身金亮，有的红妆素裹，或立、或坐、或卧，形象逼真，姿态端庄。伴以高悬塔上的口口银钟，铃声叮当，情趣无穷。

佛塔里的浮雕，技艺精巧。遥遥对峙的彼提莱克东西两塔，塔基走廊的墙面方砖上，全是浮雕，每块方砖上雕着一个佛教历史故事。塔里还有600多块这种砖浮雕，构图朴素，栩栩如生。丰富多彩的壁画，更是花样繁多，别具匠心，美不胜收。

世界上有名的"暹罗米"

泰国是一个历史悠久的国家，古称暹罗。泰国的气候和土壤适宜水稻生长，水稻种植面积占全国耕地面积的80%左右，为世界著名的产米区之一。碾成的稻米称"暹占"，米粒细长，两头尖，晶莹明亮，煮成饭后，软香嫩滑，十分可口。质量比越南产的西贡米要好。它在国际市场上享有很高的声誉。稻田集中在湄南河下游三角洲平原。当地有一种竹筒饭，是把洗净的糯米装在鲜嫩的竹筒里，放在火上烧烤，味道十分香美。1982年，稻米产量高达1 800万吨。稻米在泰国常年出口量，均占世界稻米总出口量的26%以上。在出口贸易中居第一位，远销世界60多个国家和地区，是世界上著名的大米出口国。

名称最长的首都

世界上名称最长的首都是泰国的曼谷。它的全称是“共台甫马哈那坤奔他哇劳狄希阿由他亚马哈底陆浦欧叻辣塔尼布黎隆乌冬帕拉查尼卫马哈洒坦”。它是1782年泰国国王拉玛一世建都于曼谷时起的名。这个名字的意思是“神仙的城、伟大的城、玉佛的宿处、幸福的城……”。如此长的地名，记住很难，称呼也不方便，因此泰国人只取前三个字，把它称为“共台甫”，而曼谷一词，是外国人对它的称呼。

泰国是一个佛教国家，绝大多数人信奉佛教，国家规定佛教是国教。佛寺遍布全国各地，总数多达三四万座，僧侣20多万。所以，这个国家又称为“千佛之国”。仅首都曼谷，就有300多座寺庙。在黎明时从远处遥望，佛塔晶莹闪烁，金碧辉煌。曼谷的另一座著名的庙宇玉佛寺，是王宫的一部分。泰国王储举行的剃度出家仪式，就在此地举行。佛殿正中的神龛里，供奉着一尊66厘米高的玉佛，是泰国的国宝。玉佛有三种金衣，随季节冷暖而更换。每次换装，都由泰国国王亲自动手。泰国的著名寺院还供奉金佛，由数吨重的黄金铸成。除了一些大的佛寺，泰国还有相当多的小“佛寺”，这就是一般放在住宅门前的神龛，上面绕以花串成花环，作为供奉，佛寺对泰国的风俗习惯有很大影响，泰国的佛寺是整个社会生活的一个中心，泰国的男子，一般在20岁左右的时候，都要去当3个月的和尚，学习佛经。清晨，当金色的阳光普照大地时，身披黄色袈裟的和尚，三三两两，挨户请求布施，泰国人的婚礼必须邀请德高望重的僧人主持仪式，新郎和新娘还要接受僧人的祝福。泰国人的出生和死葬，也都要按照佛教的习俗去做。见面时，以佛教仪式合十为礼。历法也用佛历，比公历早543

年。在泰国各地旅游,可经常见到身穿黄色袈裟的和尚,以及富丽堂皇的寺庙,因此人们又把它称作“黄袍佛国”。

花园城市——新加坡

新加坡共和国,由54个岛屿和9个礁滩组成,总面积616平方千米。境内最大的岛就是新加坡岛,面积558平方千米,占全国面积的90%以上。新加坡市在新加坡岛的南岸,市区面积200多平方千米,人口251万人。其中约76%是华人。

新加坡是一座名副其实的花园城市,政府十分注意城市绿化。1971年规定11月6日为植树节,总理带头行动,到1983年已种活乔木450万株,灌木300万株。每年绿化经费达1500万美元。现在从政府大厦到国际机场的大道上,15万棵树夹道成荫,市区干线东行道都以树木隔界,交叉口的环形池和小三角洲铺花种花,候车亭顶棚以紫色三角梅、黄色迎春花覆盖;行人天桥和路灯柱也爬满藤蔓,缀满花朵。政府为了奖励人民美化环境,凡是住宅区花草树木种得好的,可以减免房租。因此即使在繁华的市中心区,也能看到花木绿草。

在市中心区以西10千米左右,有个叫裕廊的地方,现在是旅游胜地。1978年11月13日,邓小平同志就在裕廊的绿色的山坡上栽了一棵苹果树。如今这棵树旁立着一块大理石碑,上面用英文刻着:“此树由中华人民共和国副总理邓小平先生阁下于一九七八年十一月十二日至十四日对新加坡共和国进行正式访问时种植。”裕廊飞禽公园占地304亩,设有96个展览鸟舍、14个活动鸟舍,放养世界珍禽350种8000多只。最奇的是那个面积为30亩、高为30米的“天罗地网”,号称“世界最大鸟笼’的地方,既有潺潺流水，又有奇草异木，游客可进入笼内同鸟儿直接对话，回味大自然鸟语花香的真谛!

由于新加坡是一座名副其实的花园城市，加之新加坡人好客，讲文明礼貌，清洁卫生好，每年吸引大批游客。1981年新加坡接待外国游客283万人，收入近17亿美元。旅游业已成为新加坡三大经济支柱之一。

火山岛——喀拉喀托

印度尼西亚的很多岛屿位于火山带，那里是世界上火山活动最多的地区之一。喀拉喀托就是印度尼西亚一个典型的火山岛。它位于桑达海峡，面积27平方千米。岛上风光秀丽，气候宜人。

1883年，这座美丽的海岛突然火山爆发，岛屿的2/3在火山爆发中崩溃，岛的底部被炸开一个直径9千米、深300米的大洞。爆炸停息后，海面上只剩下了一片烟雾笼罩、生机灭绝的海岛残骸。据科学家估计，当时岛上火山爆炸的威力相当于100枚强大的氢弹。

喀拉喀托岛是一座爆炸型活火山。1883年发生爆炸，能量如此巨大，是因为当时地壳在岛的底部被炸裂开时，成百万吨的海水涌进了地心，造成海水与熔岩两种力量的聚集，熔岩和海水随后又一起形成一股巨大的冲击力，射出海面，将岛屿的大部分崩塌摧毁。当时从地心喷出的黑色灰砾、燃烧碎石和黑曜岩石如同桌子般大小，以火箭般的速度射向岛的上空竟达几百米高，高空气流又将滚烫的灰渣吹散到印尼苏门答腊的南部，造成当地居民大量死亡。这次火山爆发的声音震耳欲聋，甚至传到了位于喀拉喀托岛东南方向2300海里以外的澳大利亚!

这次火山爆发还引起了强大的海洋冲击波，汹涌的海啸冲向海洋的各个方向，喀拉喀托邻近海岛上的波浪竟高达四五十米。巨大的浪涌甚至远远在澳大利亚、印度和日本的船坞及小船撞成碎片。海浪的冲击波以每小时400海里的速度绕过拉丁美洲的合恩角，次日冲到了距喀拉喀托岛11000海里的英吉利海峡，把停泊在那里的船只震荡得左右摇曳，锚链铿锵作响。

这次劫难使36000人丧生，淹没了300多个村落，摧毁了6000多艘船只。一年以后，爆炸后的灰砾仍旧笼罩着上空，造成一种神秘的落日奇景。

现在的喀拉喀托岛，森林茂密，树木高达三四十米，花卉滕木间鸟声啁啾，手掌般大小的蜘蛛在空中穿梭织网，捕捉成群的蚊蝇和大黄蜂，地面上到处可见巨蜥和蟒蛇。尽管喀拉喀托岛今天如此美丽，但岛上无人居住，游人也不多。喀拉喀托山峰的顶端总是阴云密布，巨大的曲岩石间风声呼啸，因此印尼人认为喀拉喀托是鬼魂生活的地方，从不到岛上去。

世界“雷都”——茂物

印度尼西亚的茂物，在12世纪至16世纪时，曾为巽他王国的首都，是一座风光绮丽的历史名城。它位于爪哇岛西部，北距雅加达56千米。众所周知，爪哇岛是世界雷雨最多的地区，平均每年有雷雨日220天，即一年中有雷雨的日子占60%。不过岛内各地雷雨多寡是相当悬殊的，如雅如达仅133天，而茂物则有322天，茂物就是因为雷雨特多，即全年有雷的日子占88%，被人们称为“雷都”。它比爪哇岛的平均雷日多46%。

在茂物的322天雷日中，有105天只打雷不下雨，217天是电闪雷鸣、风雨交加。全年总雨量达到4618毫米。为了在下暴雨时,能及时泄水,所以茂物的房屋的屋顶特别陡,一般在46°以上。

茂物处于海洋和陆地交错分布的地方,地势较高,日照十分强烈,地面蒸发旺盛,为雷雨的形成提供了良好的条件。

高峰最多的山国——尼泊尔

尼泊尔是我国西南的邻国,在喜马拉雅山脉的南麓,面积14万平方公里,境内多终年积雪的雪峰。据统计,全国海拔7620米以上的雪峰有50多座,6100米以上的雪峰达240多座。

在世界10大高峰中,其中有8座在尼泊尔境内或中尼、尼锡(金)的边境上。

世界最高峰——珠穆朗玛峰,在中尼边界上,尼泊尔叫它萨加玛塔。世界第3高峰干城章嘉峰,在尼锡边界上,海拔8585米。第4高峰洛茨峰、第5高峰马六路峰、第6高峰道拉吉里峰、第7高峰马纳斯路峰、第8高峰卓奥友峰和第10高峰安纳普尔纳峰,都在尼泊尔境内,高度都在8000米以上。因此,尼泊尔被称为世界上高峰最多的山国。

印度的泰姬陵

泰姬陵位于距德里60多千米的阿格拉城郊朱木拿河南岸。是印度莫卧儿王朝第五代帝王沙杰罕为其王后修建的陵墓。

泰姬陵的建造,有一段感人至深的史实:沙杰罕为了绻爱和悼念死去了的皇后泰姬玛哈儿,便动用了2万人工,历时22年,花

费了500万卢比和无法估价的钻石珠宝，建成了这座白石后陵。他为死去了的皇后鳏居了36年，希望白石陵造好后再造黑石陵，作为身后的归宿之处，结果，黑石陵还未动工，自己却被儿子关禁在一个古堡里，他只有天天倚栏远眺白石陵，哀思终日，悲度残年，临终之际还在探头张望。

泰姬陵建筑群，外观宏伟，建造精美，呈长方形，西长580米，南北宽305米，围有朱红色砂石围墙。陵园中央是一座洁白大理石琢砌而成的正方台基和圆顶寝宫，连台基带寝宫，高达74米，台基四角耸立着四座纯白大理石三层尖塔，每座塔高约42米。从墓门至寝宫间，有一条澄清的小溪，每当皎洁的月光将宏伟壮丽的陵影倒映入水中时，使游人如梦如幻。泰姬陵以它独特的建筑风格和艺术魅力，展示了印度劳动人民的高度才华和智慧，被誉为印度的象征和骄傲。它与埃及金字塔、中国万里长城、巴比伦空中花园、罗马大斗兽场、亚历山大墓和索菲亚教堂，并称为世界七大古建筑奇迹。

在朱木拿河的北岸，还有泰姬玛哈儿祖父的坟墓——相冢，泰姬玛哈儿的祖父曾是印度王朝的宰相，死后子袭父职，并为父亲建造了这座精致的大墓。原计划用金银珠宝造坟，但恐被盗，结果用了六年的工夫建造了印度第一座镶花纯白大理石坟——相冢。相冢规模虽不大，却异常精美，就是当时的王宫，也没有这样光彩夺目。墙上五彩缤纷的图案，简直比现今女人衣服与流行的花纹还要艳美，相冢造成后的第二年，沙杰罕便仿效相冢，扩大规模，营造了称奇天下的泰姬白石陵。

世界最大的珊瑚岛国

在浩瀚的印度洋上，印度半岛的西南方，从北到南，有一串岛屿，星星点点，看起来好像一串珍珠，这就是绵延700千米，由2000多个珊瑚岛组成的马尔代夫群岛，也就是世界上最大的珊瑚岛国——马尔代夫共和国的领土。

在印度洋海底，这个地区原来伸展着一条南北走向的海底高原，高原的顶峰在海面下350米左右。因为热带海洋有利条件，珊瑚虫和石灰质藻类等，就以这海底高原顶作为基础，长期地在这里繁衍生息。珊瑚虫能够分泌出石灰质物质，死亡以后又留下大量石灰质骨骼，在海底高原顶峰上不断堆积，经过了漫长的岁月，终于露出海面，形成许多珊瑚岛，即马尔代夫共和国的全部领土，也就是2000多个岛屿的总面积，一共为290平方千米。

马尔代夫这个岛屿国家，自然环境是独具一格的，所有岛屿露出海面都不过2米，地形十分单调，没有山地丘陵，也没有河流湖泊，在常年高温多雨的热带气候条件下，岛屿上生长着茂密热带植物。此外，既没有矿物，又没有野生动物，陆地上自然资源非常缺乏，可是马尔代夫的海洋资源却得天独厚，拥有种类繁多、数量巨大的海洋生物。近海，是捕金枪鱼渔场，在离岸稍远的海洋里，到处游弋着海上巨兽抹香鲸，马尔代夫出口珍贵香料——龙涎香，就是从这种鲸身上获得的。

马尔代夫渔船队捕捞的鱼类，主要是金枪鱼，年产量一般在30万吨左右，捕获的金枪鱼大部分经过解剖、熏制、暴晒等加工工序，制成一种叫作“马尔代夫”的成品，又称“味精鱼”，它最受斯里兰卡、印度、巴基斯坦等国的欢迎，成为这种产品的传统市场，依靠这种产品大量输出，换回大米。

马尔代夫有19个环礁岛，住人的岛有200多个。住人的岛上周围，大都是浅海，水平如镜，海滩和水底都是白色的细砂和鹅卵石，这是难得的天然游泳场。岛上高大的、茂密的椰子树像张开的大伞遮住太阳，艳丽的鲜花散发着迷人的芳香，优美的环境吸

引着西欧、北美的旅游者，因为各岛不适宜农作物栽培，政府就充分利用自然条件，大力发展旅游业。目前已构成国民经济的三大收入之一（船业、渔业、旅游业），占全国民经济总收入的27%。

伊拉克的椰枣

椰枣是枣椰树的果实，枣椰树是雌雄异株的棕榈科植物，树形美观，像椰子树，高达20~30米，品种很多，在伊拉克有100多种，它是生长在热带和亚热带干旱地区的作物，枣椰虽极耐旱，但却需要有充足的水来灌溉，产量才高。有人形容它是“头长在火中，脚浸在水里”的果树，这就不难理解为什么枣椰主要生长在河渠两岸和沙漠中的绿洲了。在伊拉克，枣椰主要分布在美索不达米亚平原沿河岸，从巴格达越往南，枣椰树越茂盛，南部的阿拉伯河沿岸是伊拉克椰枣的最大产区，产量占全国一半以上。巴士拉地区有1000万株以上的枣椰树，整个城市掩映在一片翠绿的枣椰林海之中，因而巴士拉有“枣椰城”之称。

枣椰树树龄10~16年是旺产期，每株产量可达几十千克到一百多千克。树龄最多可达150年。椰枣含糖分高，营养丰富。它的成分半数以上是糖，还含有蛋白质、脂肪、矿物质。1千克椰枣能产生约3000卡的热量，因而椰枣既可作粮食，又可作果品和制糖。

伊拉克所产椰枣的2/3供出口，是世界上椰枣最大的供应地。

伊斯兰的大清真寺

伊斯兰教为世界第二大宗教，教徒8亿人以上，主要分布在西亚、北非，其中有38国的教徒占全国人口一半以上，中东各国、巴基斯坦、印度尼西亚的信教人口都占90%以上；阿拉伯人百分之百信奉伊斯兰教。红海之滨的麦加是伊斯兰教创始人穆罕默德（570~632年）的诞生地，列为伊斯兰第一圣地。

麦加大清真寺为世界最大的清真寺，总面积16万平方米，同时可容30万人做礼拜。它有7座礼塔，31道门户，每扇门都镶着金银珠宝，2米高的东门以黄金铸成。广场中心的“天房”最为神圣，以褐蓝色石块砌成，长12.2米，宽10米，高15.2米，始建于公元前18世纪，是麦加最古老的神庙。公元7世纪成为伊斯兰教第一个宣礼地。天房外墙蒙着印花丝绸帷幕，用12千克镀银丝绒绣上古兰经文，每年更换一次。天房东南角竖立一块1.5米高的黑色陨石，当做上天所赐的神物膜拜。

每年朝觐大典在10月底11月初举行，200多万人拥来麦加，其中外国人80多万，最大的功课是身披白布，脚着草鞋，排队绕天房巡游7圈，争取摸到陨石。

麦加北面450千米的麦地那，有穆罕默德的陵墓，建有先知寺，列为伊斯兰第二圣地。

横跨欧亚大陆的名城——伊斯坦布尔

在美丽的土耳其西部边陲，有一座世界名城——伊斯坦布尔。千百年来，这座城市以它特有风姿和独特的地理位置令人神往。在全世界繁华的大都市中，伊斯坦布尔是唯一的地跨两大洲的大都市。还有世界上唯一飞跨两大洲的博斯普鲁斯海峡大桥。它的雄姿以及秀丽的海峡风光和素负盛名的千年古迹，使伊斯坦布尔成为世界著名的旅游胜地。

伊斯坦布尔是一座具有1000多年悠久历史的都城，城内有着丰富的文物古迹。庄严肃穆的清真寺和高耸入云的宣礼塔特别引人注目。在市内有清真寺700多座，宣礼塔1000多个。最著名的是建于1616年的苏丹艾哈迈德清真寺，它有六个塔，是世界上现存的唯一的六堵清真寺。城内还有著名的奥斯曼帝国的宫殿——托普卡珀故宫，建于1478年，占地70万平方米。土耳其共和国成立后辟为博物馆。在馆内收藏了历史上许多罕见的文物和文献。馆内展出的珠宝玉石，琳琅满目。其中奥斯曼帝国的王冠、宝座以及装有几百个金刚石的闪闪发亮的铠甲，都是世间的珍宝。在博物馆内展览的还有一人高的金制“蜡烛”，重达40多千克，上下镶着6666个金刚石，光彩夺目。

在馆内，还专门设有中国瓷器馆，陈列着无数件中国古瓷，上至唐宋，下至明清。这些瓷器，有的洁白如玉，有的翠绿如树，五颜六色，闪烁着光泽。这一件件瓷器真实地记录了中土人民的友谊源远流长。早在5世纪，也就是我国的唐代，这里就成为“丝绸之路”通向欧洲的唯一通道，也是“丝绸之路”西端的终点。

伊斯坦布尔坐落在博斯普鲁斯海峡南端两岸。博斯普鲁斯意为“牛渡”，是神话中宙斯神变化的神牛驮渡公主的海峡，全长30.4千米，最宽处3.6千米，最窄处708米，中线水深36~122米。1973年建成博斯普鲁斯海峡大桥，使亚、欧天堑变成通途，是连接两大洲的第一大桥，也是现代桥梁建筑中最优美的一种桥型，水中没有桥墩，柳身吊于两岸的桥塔上。桥身全长1560米，主跨径1074米，距海面64米，东塔重5万吨，西塔重6万吨，牵拉两根直径58厘米粗的钢索。此钢索由5毫米粗的钢丝11500根拧成，其牵引负重能力达到165400吨。海峡桥仅供汽车使用，不准行人通行，平均日流量为6万多辆。

伊斯坦布尔是一座美丽的城市，是土耳其人民的骄傲。它融合了的东西方文化和独特的古城新貌、特殊的地理位置，吸引着成千上万来自世界各地的游客。

宗教"圣城"——耶路撒冷

耶路撒冷是中东地区的一座古城，有4000多年的历史，是世界闻名的宗教"圣城"。它位于巴勒斯坦耶路撒冷丘陵中部的石质山上，海拔760米，正处于古代南北东西主要通道十字路口。

耶路撒冷分老城和新城两部。老城有很多宗教古迹。古犹太王所罗门在此建造"圣殿"后，成为犹太民族政治和宗教中心；基督教相信耶稣钉死于此地；伊斯兰教相信穆罕默德曾在此"升天"。故犹太教、基督教和伊斯兰教把耶路撒冷都奉为"圣地"。著名的奥麦清真寺、天主教的"圣墓大堂"都建于此。还有一座"哭墙"，它是所罗门时的断垣残壁，犹太人常来此墙举行宗教仪式，悲悼"圣殿"遭罗马人所毁灭。

新城主要向老城西北沿着通往雅法的道路发展，人口较多，主要是从海外移来的犹太人和基督教徒，这里是耶路撒冷主要居民和工业区，并建有旅馆和其他设施，为到此"朝圣"的教徒服务。这里雨水很少，城市供水较困难，城市用水主要靠泉水和咸水淡化来解决。

根据1947年联合国"分治"计划，耶路撒冷由联合国"托管"。1948年，以色列向阿拉伯国家发动战争时，约旦占领了该城的旧城，以色列占领了该城的大部分。1950年以色列"迁都"耶路撒冷，1967年"六·五"战争中，以色列侵占了该城全部，现为以色列首都。

“淡水贵如油”的科威特

科威特位于波斯湾的西北岸，阿拉伯半岛的东北部，属热带沙漠气候，全国大部分地区是沙漠，每年夏季长达七八个月，赤日炎炎，滴雨少见。只有在冬季偶尔下点小雨。在科威特流传着这样一个故事：很久以前，阿拉伯半岛，曾经是汪洋大海，海龙王率领虾兵蟹将在这里生儿育女，自由自在地生活。然而，好景不长，油蟒来犯，双方一场大战，海龙王战败，只得带着虾兵蟹将离开这里，它一气之下，将淡水全部带走，用咸水把阿拉伯半岛三面包围起来，企图将油蟒干死。从此这里就成了“石油之海”，淡水就极贫乏极稀少了。这当然是神话，不足可信。

在科威特人们的生活中，淡水是十分宝贵的，一下雨，家家户户搬盆挪缸，凡是能盛水的锅瓢碗桶都拿到外面接水，唯恐漏掉一滴水，连房顶上也要放许多铁桶接水，外国的使馆也不例外。后来人们在院子中修一个水泥池子，下雨打开盖子，下完雨将盖子盖好，以防止蒸发。我国大使馆就有这样两个水池，每个水池可容纳七八吨水。

到了20世纪初，人们开始寻找地下水。1905年，在哈瓦里地区找到了地下水，人们欢欣鼓舞，一连欢庆了几天，但由于哈瓦里位于科威特古城以外，路程较远，人们把整张羊皮割头去尾，保留四肢缝制成皮囊用来盛水，一头驴可驮3皮囊水。贩水的小贩，肩挑水桶，赶驴串巷，沿街叫卖。但淡水仍不能满足人们的需要，后来发展到从伊拉克的阿拉伯河用船载水回科威特贩卖。到了1946年，有水船38艘，其中3艘是私人专用水船，

由于石油的开发和大量输出，源源不断的石油财富为缺水的科威特人民带来了淡化海水。1950年在石油城艾哈迈迪兴建了

第一个“海水淡化工厂”,开始了科威特海水淡化的新时期。

近几年来,科威特石油收入占国家总预算收入的90%,人民的年均收入近2万美元,仅次于阿联酋,居世界第二位。雄厚的资金使科威特的海水淡化工业在世界上首屈一指,独占鳌头。现已建成规模巨大的舒威赫水厂、舒伊巴南水厂、舒伊巴北水厂和都哈淡化厂等大水厂,日产淡水共1.02亿加仑,在加速科威特的城市建设和改善人民生活方面起了重要作用。

国际石油的通道——霍尔木兹海峡

西亚是世界石油的宝库,储量约占世界石油总储量的一半以上。石油产量约占世界石油总产量的1/3,西亚生产的石油90%供输出,石油输出量约占世界石油总输出量的60%。

石油分布以波斯湾为中心,而霍尔木兹海峡是波斯湾通向印度洋的咽喉,被认为是世界石油供应的“生死攸关的颈静脉”。“霍尔木兹”源出波斯语,意思为“光明之神”。阿拉伯有一句谚语:“如果世界是一个指环,霍尔木兹就是镶在指环上面的宝石。

霍尔木兹海峡宽64~97千米,长约160千米,最深处为219米,最浅处为71米。每天有近200艘油船,运载着波斯湾沿岸国生产的约2000万桶石油经过这里。除穿梭往来的船只外,光停靠在海峡两岸的超级油轮经常延伸长达15英里。

从霍尔木兹海峡出口进入印度洋的船只沿着三条航线日夜行驶在波涛汹涌的海洋上。这三条航线是:西去经亚丁湾、曼德海峡、红海,穿过苏伊士运河和地中海,过直布罗陀海峡进入大西洋到西欧各国;东经马六甲海峡,入太平洋到日本;南下印度洋,过莫桑比克海峡,绕道好望角,穿过大西洋到美国。每年供应西

欧进口石油的70%、日本进口石油的90%、美国进口石油的30%以上。

到了20世界80年代，每年有2.4万船次的油轮通过霍尔木兹海峡。美国把波斯湾看作是它和它的盟国的“石油宝库”，把霍尔木兹海峡看作是流出油库的“总阀门”。西方国家把绕过好望角的这条航线称为“海上生命线。”

近年来，苏联为了称霸世界，切断西方国家所需石油的“生命线”，1979年12月27日，悍然出兵侵占阿富汗，造成海峡地区的局势严重不安。美国为了和苏联对抗，也把波斯湾列为“一等危险区”，加之两伊战争的升级，使海湾地区的局势越来越恶化。

红海在扩张

地质学家认为，4000万年前，地球上根本没有红海，非洲与阿拉伯半岛连在一起。后来，地壳发生断裂，阿拉伯半岛的陆块不断向北移动，红海谷地不断变宽，便形成了今天的红海。

根据在那里呢？

第一，古地磁的测量，发现阿拉伯半岛从第三纪来，曾以反时针方向向北转动了7°。第二，红海两岸海岸线除阿法尔三角地带外，几乎是完全重合的，而这个三角地带，最新调查材料证明它原是红海的一部分，在最近的地质时期上升为陆地的，这里有不少的热泉和蒸汽泉。第三，摄自红海海底的照片和潜入海底进行的观察，都发现海槽中遍布着活动的新火山，玄武熔岩连绵不断，形状千奇百怪。伴随海底火山爆发而来的地震，常常震撼着红海区。第四，熔岩涌上海底，不断产生新的海洋地壳，古老的岩石被推向两侧，由近到远，地层年龄不断变老。第五，人造卫星和大地测量的结果表明,红海还以每年2厘米的速度向两侧移动。这些都为“板块学说”提供有力的证据。

1978年11月6日,在阿法尔地区,一座新的火山——阿尔杜科巴火山突然“诞生”了。熔岩以每小时80千米的速度从裂缝中喷出,体积达26万立方米。就在这短短的时间里,红海南端加宽了1.2米。科学家第一次观察到这种大自然的奇迹:火山爆发引起了地壳板块位移。

盐分最高的海——死海

死海,是世界最低的湖泊,它的湖面低于地中海海面392米。

美国作家马克·吐温曾经对死海作了这样的描述:“在死海中游泳是多么有趣啊!我们决不会沉下去,你还可以挺直你的身体,把头完全抬起来,舒舒服服地在水面仰睡着,并且还允许你撑开伞,挡住炎热的太阳”。

这个奇异的地方在哪儿呢?在阿拉伯半岛上。人们在死海里游泳,可以不用担心会被水淹死。

相传公元70年,古罗马的军队包围了耶路撒冷城,有个叫狄度的统帅,为了惩罚那些敢于反抗的人,准备处死几个奴隶,他们命令部下将奴隶带上镣铐,投进死海,想淹死他们。说也奇怪,这几个奴隶好像身上套有救生圈似的,就是不往下沉,不一会儿,水流把他们送向岸边。狄度不了解死海的秘密,还以为什么神灵在保佑,终于将俘虏都释放了。远在100多年前,人们不知道这个地方的秘密,直到1948年,地质学家林契来到这里,测出死海的水面比地中海平面低392米,第一次发现这是世界最低洼的地方。

死海的含盐量为什么这么高呢?这同它的地理环境有关。

死海的东、西两岸都是高达几百米的悬崖绝壁，只有约旦河和哈萨河等几条河流汇入，却没有河流把水排出去。附近分布着荒漠、砂岩和石灰岩，河流夹带着矿物质流进死海，这里的气候炎热干燥，湖水大量蒸发，水中所溶解的盐类积聚在湖内，就这样，经历长久岁月，使死海的含盐量越积越多，成为高浓度的咸水湖。

死海的盐分比较复杂，富含氯化物、硫化物，还有镁、钾、溴、碘等许多有用元素。其中盐的蕴藏量多达110亿吨，足够供全世界人口用2000年。死海也是一个巨大的可以开发利用的化工原料的“仓库”。

沙地景观

位于研究区域的东部，西、南、北三面与黄土台地、黄土丘陵景观相接，大体包括西起巴林桥，东至奈曼旗大沁他拉镇、白音套海一线的范围，属于科尔沁沙地的主体部分。沙地景观呈楔形，西窄东宽，自东向西淹没。西拉木伦河自西向东流经沙地北部，地势自西向东缓缓倾斜，海拔高度自西向东由650米降至150米。沙地景观分布地区为中温带半干旱气候，年平均气温6～7℃，年降水量仅300～340毫米。大风日数较多，一般140天/年左右。

由于降水少而多大风，故风沙地貌发育。主要地貌类型有流动沙丘（坨子）、缓起伏沙地（漫沼）、丘间低地（甸子）及河流冲积形成的沙质平原。坨、沼、甸、湖并存是科尔沁沙地西部地区的重要特征。沙地地表由松散的第四纪沉积物组成，下部多为冲积、洪积相间的沙砾层，丰富的沙质沉积物为风沙地貌的发育提供了物质来源。坨、沼等地貌类型为河流沉积物就地风蚀风积而成，其分布与河流故道和常年盛行风向密切相关。在地表细砂物质吹走的地方常常形成风蚀洼地，当风蚀作用达到潜水层时则形成风蚀湖泊或湿草甸。由于年蒸发量大于年降水量，次生盐渍化发育，在洼地及湖泊周围出现盐斑或碱斑，甚至形成咸水湖、碱甸子。

科尔沁沙地水分条件较中国北方的其他沙地为好，有利于植物生长，植被覆盖率一般达20%～40%。大部分沙丘为固定或半固定，流动沙丘仅占10%。固定沙坨地植被以蒿类草原和禾草草原占优势，成为良好的放牧场。流动沙坨地植被主要为黄柳灌丛、锦鸡儿灌丛、沙蒿、砂米等。在河流沿岸高地及湖泊周围高地，透水条件良好的地方形成典型的榆柳稀树草原景观，生态条件良好，有利于农牧，历史时期人类活动场所多选择在类似的地区。

风积砂母质上发育风砂土，广泛分布于科尔沁沙地。河谷阶地、河漫滩及地势低洼处发育草甸土、沼泽土，部分地区有盐碱土发育。≥10℃积温为3000～3100℃，旱作农业以春小麦、玉米、高粱、谷子为主，沿河谷阶地、河漫滩有少量水稻种植。近年由于农牧业过度使用土地，土地沙化面积逐渐扩大，属于生态环境最为脆弱的地区。

黄土台地、黄土丘陵景观

位于沙地景观区的西、南、北三面，与中高山地景观区毗邻，地势平坦低缓。其南部以七老图山、努鲁儿虎山与冀辽山地分界，北面一直延伸到大兴安岭山前地区。

该景观类型属中温带和温带半干旱气候，与暖温带半湿润气候的分界处大体在努鲁儿虎山、七老图山一线。暖温带褐土带的

北缘大致由宁城县南必斯营子至敖汉旗汤梁，再向东延至宝国吐一带。

地貌类型以黄土丘陵、黄土台地为主，山地主要分布于翁牛特、赤峰、喀喇沁、宁城的西部及敖汉东南部。海拔高度由西南向东北降低，赤峰地区南部为600~800米，通辽地区南部降至300~500米。相对高度多在30~100米。由南向北，自西向东表现为黄土丘陵、黄土台地的变化特点。黄土丘陵坡度较大，坡面5°~10°；黄土台地比较平缓，台面3°~5°。黄土丘陵和黄土台地是现在主要的旱作农业地区，老哈河沿岸谷地是水稻的主要种植区。≥10℃积温为2600~3200℃，能满足玉米、高粱、谷子等喜温作物的需要。年降水量自东南向西北减少，至大兴安岭山前地区，降水量又复增加。新惠镇以东为400~460毫米，敖汉旗中部、赤峰及翁牛特旗西半部，仅有320~380毫米。风力作用比较明显，大风(≥8级)日数，多数地区为50~60天/年，北部的河谷地区已出现沙化现象。

黄土丘陵及黄土台地的植被为典型草原，建群植物为旱生禾草及小半灌木，有本氏针茅、冰草、隐子草、达乌里胡枝子、百里香等。石质坡地上混生较多的铁杆蒿。山地植被由次生林、灌丛和甸草原群落构成，次生林主要为白桦、山杨和蒙古栎等。

土壤以栗褐土为主，成土母质为第四纪黄土状沉积物。栗褐土是赤一宁盆地的主要农耕土壤，成土条件介于南部褐土和北部栗钙土之间，体现出森林土壤向草原土壤过渡的特点。山地则发育棕壤和灰褐土。

老哈河是流经本区的重要河流，发源于宁城县西南黑里河上游川谷，自西南向东北纵贯赤一宁盆地，至大兴马地堡以东与西拉木伦河汇合。主要支流有黑里河、英金河、蹦河、羊肠子河等。中高山地景观。

该类景观位于黄土台地、黄土丘陵的西部外围地区，主要由南部的冀辽山地景观和北部的大兴安岭山地景观两个景观单元组成。

1.冀辽山地

位于研究地区的南部，由冀北山地、辽西丘陵两个部分组成。冀北山地西起大马群山，东到七老图山，西北与内蒙古高原相接，南部以燕山山脉为界；辽西丘陵则指努鲁儿虎山以南，燕山以北，医巫闾山以西的地区。

冀辽山地景观类型的东部地势较低，主要为低山丘陵，西部地势较高，海拔2000以上的中山较多。由于处于东西向阴山构造带与新华夏系构造带的交界处，东西向构造、北北东向构造、北东向构造和北西向构造都有表现。

辽西丘陵地区以低山丘陵为主，受北东向构造控制，形成三列北东-南西向的平行岭谷，自东南向西北逐渐升高。位于最东面的一列为医巫闾山，是由震旦纪的岩层和花岗岩组成的低山丘陵；第二列是黑山岭，又称松岭，是辽西山地的主要山脉，南起山海关，北达北票以北，长约100千米，宽约80千米，海拔大部在1000米以下；第三列山岭是努鲁儿虎山，为大凌河与老哈河的分水岭，也是赤一宁盆地与辽西丘陵的分界线。

冀北山地则由中山、低山和丘陵组成，一般海拔在1000米以上，河谷则在500米左右，形成河谷盆地，如承德、平泉、滦平等河谷盆地。受北西向构造控制，河流水系亦呈北西—南东向或北南向分布，如滦河、潮河、兴州河、伊玛图河、伊逊河等。在河流切穿南部燕山山脉的地方往往形成峡谷，成为燕山南北地区的交通孔道，如著名的古北口、喜峰口两口，就是潮河、滦河切穿燕山山脉而形成的。

辽西丘陵、冀北山地南部地区属于暖温带半湿润地区的北

界，年平均降水量600~700毫米，≥10℃积温约3000℃，冬小麦基本不能生长，农作物以春小麦、玉米、高粱、谷子、莜麦、马铃薯等旱生作物为主，河谷低地有少量水稻。受积温影响，玉米、高粱等喜暖作物集中于南部地区，向北则以谷子、莜麦、燕麦、马铃薯等作物为主，为一年一熟制地区。地带性植被为松栎林构成的针阔混交林，落叶阔叶林以栎、桦、杨为主，针叶林则主要由油松、云杉、华北落叶松组成。地带性土壤为褐土，在辽西地区，山麓地带分布淋溶褐土，低山广泛分布棕壤。冀北山地的褐土分布上限一般为1000米左右。

2. 大兴安岭山地

主要由大兴安岭南段山地与翁牛特西部山地构成，南与冀北山地相邻，东南则与黄土台地、黄土丘陵景观相接。

大兴安岭为典型阶梯状上升的山地，由于东西两侧断块掀斜不对称隆起，两侧地貌特征亦很不相同。山岭东侧呈明显的阶梯状，从中山、低山、丘陵、台地过渡到山麓平原。河谷深切，水流湍急，多高山峡谷地形。山岭西侧则地形起伏平缓，与内蒙古高原相接。高大的大兴安岭山体构成一条重要的地貌与气候界线，受地形影响，西北麓降水量较东南麓少，年平均397毫米，温度亦较低，年均温1.6℃，≥10℃积温只有1505℃，土地利用方式以游牧业为主，农业较少。

大兴安岭东南麓山前一带，由于山地阻挡作用，降水量较多，年平均350~400毫米，年均温也较高，为2.4℃。≥10℃积温有2000~2400℃，可以种植玉米、高粱、谷子等旱作植物，土地利用方式以农业为主，有少量游牧业。植被以多年生禾草干草原为主，发育栗钙土，为本区主要的地带性土壤类型，广泛分布于大兴安岭山地东南麓山前低山丘陵、河谷平原地区，为当地农牧业主要利用的土壤类型。

位于南部的翁牛特西部山地，海拔1400~2000米，以中山为主，年均温0.5℃≥10℃积温有1279℃，年平均降水量538.5毫米，为华北落叶松与桦杨林组成的针叶阔叶混交林，发育黑钙土、棕壤和山地黑土。

由于风蚀作用强烈，大兴安岭东南侧的风沙地貌发育，以流动沙丘为主，沙丘沿富沙源物质的河谷地区分布，形成所谓廊道式沙带。西拉木伦河、查干木伦河、乌尔吉木伦河的迎风坡一侧为流沙披覆地区，沙丘分布与河流走向基本保持一致。

兴隆洼景观

燕山以北地区从新石器时期到铜石并用时代的考古文化，就目前的考古发掘工作看，有小河西文化、兴隆洼文化、赵宝沟文化（还可能包括富河文化）、红山文化、小河沿文化和颇有争议的富河文化。根据14C测年数据及考古类型学研究，小河西文化、兴隆洼文化出现的时间最早，赵宝沟文化其次，红山文化的时间略晚一些，小河沿文化出现的时间最晚。除了最早的小河西文化和时间偏晚的小河沿文化，其他几种新石器文化，即兴隆洼文化、赵宝沟文化、红山文化，包括偏北分布的富河文化，基本上均以饰横压竖排、竖压横排或两种方式组合的“之字纹”筒形罐为各自陶器群的主要特征。因此，按照陶器器型与纹饰的特点，可以将这几种文化视为同一文化系统，即流行“之字纹”的文化系统。这个文化系统与后来当地青铜时代流行绳纹的文化系统判然有别。

“之字纹”文化系统的发展与盛行时期是在8000~5000aBP（距今），历兴隆洼文化、赵宝沟文化，至红山文化时期达其鼎盛阶

段。之后，这个文化系统趋于消亡。“之字纹”文化系统稳定、持续地发展了大约三千年，形成与中原地区有鲜明差别的区域考古文化序列。在这个文化系统内部，在不同的发展阶段上，考古文化的空间分布、聚落规模和形态、土地利用方式与生产工具特点、日常生活用具的组合等方面都表现出各自不同的特点。反映出不同时期，在不同生产力水平和不同的自然条件下，人与周围自然环境之间的相互作用关系。

根据14C测年及考古类型学研究，兴隆洼文化是已知燕北地区诸考古文化中最早的一种。1985年首次发现于赤峰市敖汉旗宝国吐乡的兴隆洼村，随后在赤峰市林西县白音长汗和阜新市查海都发现了这类文化的典型遗址，经过考古发掘确认了这种早期的新石器文化。

由目前公布的兴隆洼文化14C测年数据看，兴隆洼文化最早的年代是7470±115aBP，最晚的年代是5 600±170aBP，排除测年数据中明显偏晚的数据之后，将兴隆洼文化发展时间定在7500~6500aBP是比较合适的。

兴隆洼文化的代表陶器群是一些直腹、鼓腹和斜腹罐，厚胎夹砂，红褐色、灰褐色或黄褐色，皆手制，工艺粗糙，火候低而不匀，反映出前期制陶技术的特点。陶罐表面装饰一种非常有特点的三段式纹饰：口沿下为数道或十数道凹弦纹，其下有一周附加堆纹或其他纹饰，再下则为主体纹饰，为压印纹或坑点状戳印纹，其中一种竖压横排之字纹最具代表意义，是目前所知最早的线形之字纹，与年代相当的中原文化中流行的绳纹形成鲜明对比。

总的来看，无论是年代早一些的兴隆洼遗址，还是年代晚一些的白音长汗遗址，出土的陶器群器形比较单一，主要是一种夹砂陶罐，而且制作工艺不高，表现出早期考古文的原始性。兴隆洼文化遗址时代早而规模大，目前经过考古发掘的兴隆洼、白音长汗、查海三个典型的兴隆洼文化聚落遗址都证明了这一点。其中以首次发掘的兴隆洼遗址代表性最突出。

兴隆洼遗址位于兴隆洼村东南平缓的黄土丘西缘，相对高度约20米。这一新石器文化聚落遗址沿着黄土坡的西南缘整齐地分布。原来的半地穴房址由于被耕地扰乱而形成了一个一个的“灰土圈”，这些“灰土圈”呈东南—西南方向排列，由东南向西北约有十一二排房址，每排房址数目不等，长者有十几间，短者有七八间，每排房址之间是非常规整排列的灰坑。这个聚落中的房址约有一百多间，皆半地穴式，圆角方形或长方形，无门。聚落四周有围沟环绕，东北—西南长183米，东南—西北宽166米，沟宽约1.5～2米，深0.55～1米，整个遗址面积有1万多平方米，是一处精心选址、有周密规划的大规模新石器时代的居住遗址。遗址选择在黄土丘的西南坡，背风向阳，西南侧有泉水出露，是一处理想的居住点。

白音长汗遗址同样反映了兴隆洼文化聚落规模大和精心布局的特点。白音长汗遗址位于林西县双井乡白音长汗村南，西拉木伦河北岸的黄土台地上。聚落选择在台地东侧，东临小河，是当时居住者的主要水源。从发掘的23座房址看，聚落分成南北两区，相距约40米。北区保存较好，17座房址依坡势呈三排分布，布局规则有序，房址平面呈方形或长方形，半地穴式，面积在二三十平方米至七八十平方米之间，有门，皆朝东北。有围沟环绕。

查海遗址虽然在本研究地区之外，仍不失为对比研究的材料。查海遗址位于阜新蒙古族自治县沙拉乡查海村西，为红色黏土丘陵地区，遗址选择在红土丘的南坡，面积约一万平方米。发掘的13座房址仅是聚落遗址南侧的一部分，按西北-东南方向排列，整齐而密集。房址为方形半地穴式，无门道。从已发掘的情况看，这一处的聚落规模不亚于兴隆洼遗址。

由三处考古发掘的材料看，兴隆洼文化时的人们是定居的，经过精心选址和布局的、规模庞大的聚落址。值得注意的问题是，是什么样的一种经济形态或土地利用方式能够维持这样大规模的聚落？这首先需要研究遗址内共出的生产工具，以判明当时人们的生产力水平和经济方式。

兴隆洼文化各遗址中发现的生产工具中，主要为石器工具和少量的骨器工具。石器工具按制作方式的差别，可以分为打制、琢制、磨制和压削四类。石器中以打制石器数量最多，典型的是一种有肩锄形器，状似丁字形，上半部凸出，下部横长有刃，使用摩擦痕与刃锋垂直，当是用于翻土的工具；另一种铲形器，窄长亚腰，摩擦痕与刃垂直，数量较少。琢制石器主要是石磨盘和石磨棒，为房址内常见工具，用于植物果实和谷物加工。磨制石器数量较少，代表性器物是一种通体磨光的扁长石斧。压削石器数量也不多，主要是一些细石器小石片，一般与加工过的动物肢骨嵌粘制成复合工具。骨器工具种类较多，有骨锥、匕形器、两端器和鱼镖，而由骨质鱼镖与细石器小石片嵌粘制成的骨梗石刃鱼镖，最富有区域特色。

兴隆洼文化遗址中出土的生产工具与陶器一样，都表现出早期考古文化的原始性，与布局整齐、规模庞大的聚住遗址形成鲜明对照。维持这样一个规模庞大的定居聚落，必须要有稳定的、大量的食物来源，当时的人们是如何解决这一问题的呢？

兴隆洼文化时期已经存在原始农业，这一点似乎是肯定的。位于兴隆洼文化分布区域以南的河北磁山文化（14C测年为7355±100aBP和7330±105aBP，与兴隆洼文化年代相当），已经发现有粟的遗迹，腐烂的粮食堆积厚度近2米；位于兴隆洼遗址以东的沈阳新乐下层遗址（14C测年为6145±120aBP，比兴隆洼遗址年代略晚），也发现黍的残迹。无论是与相邻地区的考古材料对比，还是由兴隆洼文化遗址中出土的生产工具推测,这一文化应该有农业存在。但是以打制石器为主的生产工具所反映的事实是:这一时期的农业水平并不高,是原始的和不发达的,仅仅依靠这样落后的农业经济方式来维持那么一个大规模的定居聚落是很难想象的。考古发掘中出土的植物果核(胡桃楸)和鹿骨、狍骨表明,采集业与渔猎经济成分仍占有相当大的比例。维持聚落稳定发展的应该是由原始农业、采集业和渔猎业几种经济成分构成的复合经济方式,这种复合的经济形态应该是兴隆洼大规模定居聚落的基础。

这一点很难从当地现代地理条件去理解。无论是兴隆洼遗址、白音长汗遗址,还是研究区以外的查海遗址,都位于现代温带草原地区,气候冷而干旱,自然状态下单位土地面积所能提供的食物数量很有限。如果在这样的自然条件下,即使是复合经济形态也难以承担像兴隆洼文化所表现的定居生活。解决问题的关键是:必须了解当时人们生活的自然环境,必须以当时人们的眼光去理解当时的自然环境及由此形成的人地关系。任何一种史前考古文化都要遵循以最小代价取得最大环境适应这一原则,兴隆洼文化当然也不例外。那种建立在复合经济形态之上的大规模定居聚落,恰恰是当时的自然环境与当时的生产力水平相协调的产物。

全新世以来一万年间的气候并非一成不变,国内外关于环境变化的研究表明,北半球在全新世期间大约每隔2500年就要发生一次新冰期,形成千年尺度周期的冷暖变化。国内各地的研究,特别是与本研究区域相邻地区的研究工作也同样证实了这一点。崔海亭等在内蒙古大青山有关古土壤与古冰缘地貌的研究表明,该地区全新世以来出现过四次冷期和五次暖期,冷暖的变化周期约为2000年。李容全等在内蒙古岱海、达来诺尔的研究点证实了

存在全新世环境演变以四次新冰缘阶和五次间冰缘阶组成4.5旋迴的变化模式，相对的暖湿期有五段，顺序为1.2～0.95万aBP、0.9～0.55万aBP、5000～2400aBP、2000～600aBP和公元1495年至今。中国科学院贵阳地球化学研究所在辽宁南部地区的研究认为，辽南地区气候有过显著的波动，大致经历了三个时期：10000～8000aBP气温已显著回升，但仍比现在寒冷、干燥；8000～5000aBP，为冰后期最温暖的气候最适宜期，年平均气温比现在高3～5℃；5000~2500aBP，仍然温暖，却显得比较干燥；2500aBP以来，气候又变得凉爽，但比较湿润，与现在差不多。

孔昭辰等在研究了北京地区泥炭中孢粉沉积后认为，8000~6000aBP是一个气候温暖期，沼泽发育，以松、栎、桦等组成的暖温带针阔叶混交林面积增加；6000～2000aBP，气候总体温暖，发育以榆、栎、桑、桦组成的暖温带落叶阔叶林，在5600aBP前后有一次时间不长的冷期，3500～3200aBP，气候曾凉而偏干；2000aBP以来，以松为代表的针叶林在平原区退缩，草原得到发展，气候温冷偏干。根据目前国内最新的研究成果表明，7.2~6KaBP是全新世气候的最适宜期，即鼎盛阶段（Megathermal Maximum），中纬度地区的年平均温度比现在高3~4℃，降水量增加，暖温带落叶阔叶林带北推约3个纬度。兴隆洼遗址位于现代中温带草原地区，在兴隆洼文化发展的7500~6500aBP期间，恰好是温暖湿润的全新世气候鼎盛期。遗址中出土的植物果核经鉴定为胡桃楸（Jugnacs mandshurica Maxim）果实，又从房址采集的土样中分析出松、蒿（Artemisia）、禾本科（Gramineae）、蓼（Polygonurn）、豆科（Leguminosa）、藜（Chenopodium）的花粉和少量水龙骨（Pocypodium）、中华卷柏（Selaginella Sinensis）的孢子。现代胡桃楸多生长在土质肥厚、湿润、排水良好的沟谷或山坡，既是组成北方暖温带落叶阔叶林的主要乔木树种，又是森林草原带的山地落叶阔叶林中的伴生树种。胡桃楸果实在遗址中发现,说明这种植物果实是当时人们的重要食物组成成分,也反映出当时在兴隆洼遗址周围生长有由胡桃楸组成的暖温带落叶阔叶林和针阔混交林。正是在这样的自然环境条件下,原始的复合经济形态和土地利用方式才能维持相当数量人口的定居生活,并建造出规模很大的聚落群。可以说兴隆洼文化代表的文化——经济形态,是在全新世气候最宜期当地暖温带森林气候条件下,原始生产技术与自然环境相协调的人地系统综合体。

兴隆洼文化的空间分布很广,除兴隆洼、白音长汗两处遗址外,向南越过燕山山地抵达北京平原河流域的平谷上宅和三河县孟各庄;向北则有赤峰昭苏河畔的五十家子、翁牛特旗大新井、林西县沙窝子、巴林右旗古日古勒台、巴林左旗金龟山;向东则有奈曼旗的大沁他拉,甚至更远一些的沈阳新乐。

根据我们对赤峰地区各旗县兴隆洼文化遗址数量的统计,目前在赤峰地区大约共发现兴隆洼文化遗址109处,我们利用GIS技术对这98处文化遗址首先按乡做分级统计,绘制出兴隆洼文化遗址的地理空间分布图,然后将此图与区域自然景观结构图配准叠加,最终制作出兴隆洼文化的地理空间分布图。从图中我们可以清楚地看出,兴隆洼文化遗址或遗存主要分布在从大兴安岭山前一直延伸到冀辽山地北部的黄土丘陵和黄土台地地区,其中尤以黄土丘陵地区的文化遗址数量占绝对多数。兴隆洼文化的这种空间分布特征,主要受到区域自然景观的控制。在黄土丘陵地区,疏松而肥沃的黄土可以利用原始的石器工具经营农业,周围的湖沼、河流可以提供渔蚌之利,生长在周围沟谷低地或山前平原上的暖温带森林可以提供稳定的采集食物,生活在林下或草地上的鹿、狍又成为当时人们的肉食来源,这样的环境条件无疑是兴隆洼文化能够发展的最优之地。

兴隆洼文化的空间分布，不仅仅代表了一种以“之字纹”筒形罐为典型陶器群的考古文化的空间延伸范围，而且反映了一种在特定的自然环境下形成的人地生态系统综合体在特定时间的空间分布。兴隆洼文化分布的北界不仅代表了一群特定时代的人们所创造的考古文化的北界，也代表了全新世气候最宜期暖温带气候在研究区域内的分布北界。与现代位于冀北山地和辽西丘陵北缘的暖温带界线相比，当时的温暖带大约北推了2~3个纬度，直抵大兴安岭东南麓的山前平原地区。这个从文化分布上所推断的气候变化幅度，与邻近地区全新世研究中所证明的气候最宜期的升温幅度大致是一致的。这个独特的人地生态系统综合体稳定发展了大约1000年，缓慢地发展到更进步一些的赵宝沟文化。

赵宝沟景观

存在于燕北地区的兴隆洼文化稳定地发展了大约1000年，被一种新的考古文化所代替，这就是赵宝沟文化。赵宝沟文化目前的14C测年数据为6200~6000aBF，晚于兴隆洼文化而早于红山文化，与兴隆洼文化在时间上有一段缺环。

赵宝沟文化的遗址首先在敖汉旗小山发现，遗址所处的地貌部位与兴隆洼遗址相似，属于大凌河支流忙牛河上游的黄土台地地区。小山遗址所在的黄土低丘与东北面的兴隆洼遗址遥遥相望，直线距离仅有500米。这座小黄土丘西北高，东南低，遗址位于东南坡上的浅洼地。山坡上可辨认出七八片“灰土圈”，经发掘证实是半地穴房址。由于遗址破坏严重，完整的聚满遗址并未发现，仅发掘了两座半地穴圆角长方形房址。

赵宝沟文化比较完整的聚落遗址是在随后的考古发掘中发现的。赵宝沟遗址位于赤峰市敖汉旗高家窝铺乡赵宝沟村西北2千米的山前黄土台地上,地形平缓,遗址面积约90000平方米,地表可见房址或灰坑140余个。遗址上植被稀疏,水土流失严重,多数房址保存不佳。1986年的发掘工作中发现了17座房址,房址皆为近方形半地穴式建筑,穴保存深度在0.3~1米,面积一般约20平方米,最大的近100平方米,居住面呈二级阶梯状,像兴隆洼遗址一样,也没有发现门道的遗迹。

在敖汉旗敖吉乡的南台地村也发现了同类型遗址。遗址位于教来河左岸的黄土台地上,高出河床约20米,遗址总面积约1.5万平方米,在地表可见约40余个成排的“灰土圈”,即半地穴式的房址。地表调查的结果表明,这是一处面积很大的赵宝沟文化居住遗址。

同类型的赵宝沟聚落遗址在翁牛特旗广德公乡小善德沟村南也有发现,遗址位于西拉木伦河支流少郎河的北岸,低缓的黄土丘陵北坡。遗址上可见四排房址做西北—东南向排列,共发掘6座保存较好的房址,均为半地穴,长方形,也未发现门道。

目前所发现的赵宝沟文化聚落遗址,一般都保存较差。保存情况比较好的只有赵宝沟遗址,虽然限于发掘工作,对聚落的整体规模和布局情况仍不十分清楚,但还是可以看出赵宝沟文化的聚落规模要超过兴隆洼文化,房址四壁和居住面抹草拌泥,也反映了建筑技术的进步。

赵宝沟文化的陶器群仍以夹砂陶罐为主,纹饰以“之字纹”及由“之字纹”演绎成的几何纹为主,在陶器制作技术上表现出与兴隆洼文化的承继关系。除继续保存旧的文化因素外,又出现了新的文化因素。首先是陶器器形增加了:大口筒形器仍然占多数,增加了椭圆底罐、尊形器、器盖、圈足钵、“红顶钵”等新器形。饰

有动物纹的尊形器是赵宝沟陶器群中最富特色的，这种夹砂磨光陶的尊形器腹部表面，满饰以猪、鹿、鸟首和蛇形纹组成的图案，刻画精美，既反映了赵宝沟文化制陶工艺的高度发达，也反映了当时人们对自然界原始崇拜的萌芽。图案中的猪首蛇纹形象与红山文化中精致的玉猪龙关系非常密切，为探索中国龙的起源提供了宝贵的线索。新出现的泥质"红顶钵"，也是后来红山文化中大量流行的器物，同样反映了两种文化间的渊源关系。其次，纹饰种类也比兴隆洼文化有所增加：陶器纹饰中仍大量流行"之字纹"，分竖压横排、横压竖排或两类上下组合等几种方式，"之字纹"的表现方式较之兴隆洼文化富于变化。新出现的几何纹与动物纹也极富特色。赵宝沟文化的制陶技术与兴隆洼文化相比，表现出更高的技术水平与艺术水平，炊器与食器初步区分开来。赵宝沟文化中石器工具的制造同样显示出进步性，打制石器已经退居次要地位，代之以大量精致的磨制石器。磨制石器的典型器是一种扁长的石斧和石耜：石斧顶窄刃宽，两面略鼓，弧刃正锋，摩擦痕与斧身长轴平行；石耜多通体磨光，扁平，圆凸刃，正锋，器顶中部打出一浅凹可以装柄，与兴隆洼文化中的打制有肩石锄相比，翻土工具有了很大的进步。琢制的石磨盘、石磨棒仍大量流行，也仍保留有细石器传统，多为小型刮削器和大量的石片，骨器工具呈衰落的趋势，未见兴隆洼文化中很富地方特色的骨梗石刃鱼镖等器物。

赵宝沟文化的发达时期在6000aBP前后，环境与兴隆洼文化时期相差不多，仍保持着暖湿气候。小山遗址中和小善德沟遗址中出土的胡桃楸果实、中旱生乔灌木李属种子和桦木树皮表明，6000aBP前后的赵宝沟文化时期，仍存在着由胡桃楸和桦树组成的落叶阔叶林，在林下或空旷地带生长着由李属组成的灌木及小乔木。

目前发现的较为重要的赵宝沟遗址或遗存有:敖汉旗小山、赵宝沟、南台地、吴家营子、三成美遗址,奈曼旗乌根包冷遗址,翁牛特小善德沟、头分地遗址,林西县白音长汗遗址。根据对已发现的赵宝沟文化遗址的统计,赤峰地区发现的赵宝沟文化遗址大约有90处,我们采用了处理兴隆洼文化遗址的相同办法,绘制出赵宝沟文化的地理空间分布图。从赵宝沟文化的空间分布图中可以看出,赵宝沟文化也是主要分布在黄土丘陵地区,与兴隆洼文化有着相似的空间分布特点。

从赵宝沟文化的空间分布范围来看,在北部地区要略小于兴隆洼文化,主要表现在西拉木伦河以北的遗址数量较少。造成两种考古文化在空间分布上差异的主要原因,很可能是因为考古发掘工作的限制或对考古文化类型划分的差异造成的,而不是由于自然环境或其他原因的影响。赵宝沟文化时期,暖温带气候的分布范围基本上与兴隆洼文化时期一致,西拉木伦河并不成为自然环境的界线,其北部的大兴安岭东南麓一带的黄土丘陵同样有适合赵宝沟文化发展的自然环境条件,如果以西拉木伦河作为赵宝沟文化的北界,显然证据不够充分。北部地区赵宝沟文化遗址数量不多的现象,很有可能是因为将与赵宝沟同时代一类文化遗存归入了富河文化而造成的,富河文化遗址(共有32处)主要集中分布在巴林右旗境内的乌尔吉木伦河流域,如果将富河文化与赵宝沟文化视为同一个考古文化中的两个区域类型,那么,赵宝沟文化的遗址数量(两者合计共122处)和空间分布范围,与兴隆洼文化就没有什么差别了。当然,这种对文化类型归类的推测,还有待于今后的考古工作来证实。

赵宝沟文化的聚落规模一般要超过兴隆洼文化,两者的生存环境条件相差不多,自然状态下所能提供的食物数量并没有增加。很显然,农业水平的提高是赵宝沟文化聚落规模扩大的经济

基础,这个时期农业经济的比重有了很大的提高,磨制精良的石耜等工具,间接地反映了当时的农业水平要超过兴隆洼文化时期。

红山景观

红山文化是研究区内考古研究工作开展得最多的,自20世纪30年代在赤峰红山后发现并命名后,经过半个多世纪的陆续发现,对这种发达的新石器文化的内涵已有比较深入的了解。

红山文化存在的年代大约在6000~5000aBP。按照考古类型学的研究,红山文化的发展阶段大约分为三个时期,即早期的兴隆洼F133类型、中期的赤峰西水泉类型和晚期的辽西喀左东山嘴类型。红山文化所处的时代,环境条件整体来说要比现在好,但比兴隆洼文化与赵宝沟文化时期要差,环境条件开始趋于恶劣。根据最新的冰芯分析,中国西部至少有三次比较强的降温事件,6000~5000aBP属于气候波动剧烈、环境较差的阶段。

北京地区的孢粉分析表明,5600~5000年是气温偏低时期,与北半球全新世高温期之后的寒冷期相一致;内蒙古岱海、达来诺尔的研究表明,5500aBP前后是一个低温时期,冰缘地貌中的冰卷泥发育很好。各地的研究工作显示,在这个时期,全新世的气候鼎盛阶段已经结束,自然环境条件表现出下降的趋势。红山文化的内涵表现却恰恰相反,无论在聚落规模、制陶工艺与石器制作上,都显示出这是一支高度发达的新石器——铜石并用文化,是燕山以北地区"之字纹"文化系统发展的鼎盛时期。从某些方面而言,红山文化已经具备原始文明的性质。在这一时期,研究地区内部的文化发展与自然环境的发展表现出反向趋势。这一点很值得引起注意。

红山文化是一支定居的考古文化，这一点是可以肯定的。在赤峰西水泉、敖汉兴隆洼等地点都发现了红山文化的房址。在敖汉旗白斯朗营子四棱山则发现了红山文化的窑址。各地虽然陆续有红山房址发现，但是完整的、大规模的红山聚落群遗址迄今尚未见正式的报道。

敖汉旗西台红山聚落遗址保存情况相对好一些，可供比较深入的研究。这个遗址也位于黄土丘陵地区，包含兴隆洼、红山和夏家店下层、夏家店上层多种文化遗存。在黄土丘的南坡发现了两个相连的红山文化围壕，两条围壕一南一北。南围壕东西长210米，南北宽158米，呈不规则的长方形，东南边留有出入聚落的通道口；北围壕的南侧围壕与南围壕的北侧围壕合而为一，东、西、北三面则延伸过黄土梁顶，东侧一段围壕凿穿岩石层，东西长120米，南北宽90米，比南围壕略小。围壕现存宽2米左右，最深处达2.25米。围壕内的红山文化房址为长方形半地穴式，长4～7米，宽3～5米。由于后期扰动，整个聚落的房屋布局情况不清楚。由西台的遗址情况看，红山文化时期的聚落规模很大，南、北两个围壕内所包围的面积要超过兴隆洼遗址的围沟包围面积。围沟的形状从兴隆洼文化时期的不规则圆形向方形演变，围沟的深度加大，防卫功能加强。

最能代表红山文化建筑水平和文化发达程度的遗址，是近些年来在辽西地区陆续发现的红山文化积石冢建筑群。这一类遗存虽然在老哈河流域和大兴安岭东南麓地带也有发现，但从目前的材料看，辽宁西部黄土丘陵地区的分布最典型、最集中。这类积石冢的显著特点是规模大、分布密集，墓中随葬精美的玉器。目前见于正式报道的有辽宁阜新胡头沟、凌源三官甸子、喀左东山嘴、凌源和建平交界处的牛河梁。其中保存最好、规模最大，代

表了红山文化高度发达的建筑艺术水平的是牛河梁遗址。

牛河梁遗址位于凌源、建平交界处的低缓黄土丘上，呈东北—西南走向。在它的西北和南侧也各有一座黄土丘，但以牛河梁的海拔高度最大，形成北高南低的主梁顶。沿着三座黄土丘的山脊线，都有红山文化的积石冢分布，构成一组分布面积约50平方千米的墓地群。整个遗址区以坐落在牛河梁顶部的女神庙为中心，女神庙本身是南北向布局的多室殿堂，其中出土大型泥塑女神头像。女神庙北端紧靠一座人工砌石围成的平台，平台方向与女神庙一致。女神庙以南约900米，则是一组沿山坡东西向分布的五座大型积石冢。积石冢全部用白色的石灰岩垒砌而成，间一座为圆坛式建筑，其余四座皆为方形，对称分布在东西两侧。这组积石冢与北部梁顶的庙、台建筑南北呼应，构成整个遗址区的核心，并形成一条南北向的中轴线。这一组精心建造、规模宏大的中心性祭祀建筑，以及从积石冢墓中出土的精美的玉猪龙、勾云玉佩等玉器制品，从另一个侧面反映出红山文化的高度发达程度。

红山文化的制陶业也表现出很大的进步性。陶系中泥质陶的比例大大增加，与夹砂陶的比例基本持平。新的器形，如泥质陶钵、盆、罐、瓮等大量出现。兴隆洼文化、赵宝沟文化中盛行的夹砂陶罐的做法仍然流行，筒形罐上装饰的“之字纹”更富于特色，一种压印的弧形“之字纹”非常精致而富有韵律，可以称得上“之字纹”筒形罐传统中的佳作。此外，泥质灰陶制作的代表器物“红顶钵”、泥质红陶钵、敛口广肩罐、小口短颈双耳罐、厚唇深腹罐等，也极富特色。这个时期出现了彩陶，通常的做法是先在器表涂红衣，再绘画彩，母题纹饰有宽带纹、蝌蚪纹、鳞形纹、菱形纹、三角涡纹、半圆纹、平行线纹等。纹饰美观而富于变化。

西水泉遗址中发现的石器工具表明，磨制石器的种类多且数量大，代表性的器物有长条形弧刃石斧、鞋底形石耜、桂叶形或长方形双孔石刀、磨盘、磨棒等。这一类器物一般与农业有关,反映了红山文化的农业已发展到比较高的水平。与磨制和打制石器共出数量不少的细石器,主要有石片、石锥、刮削器和镞。细石器的流行一般认为与渔猎经济有关,有比较强的地域性,在中国集中分布于东部季风区与西北干旱区的交界地带,即考古学上称之为半月行文化传播带的地区。燕山以北地区也属于细石器流行地区,这一传统至少在兴隆洼文化中已经出现,到红山文化时仍保存相当多的数量,说明以农业为主的红山文化中,渔猎经济仍占有一定的比例,成为农业经济的补充成分。

根据1982年赤峰地区各旗县的考古调查,红山文化遗址大约有701处,是兴隆洼文化遗址数量的6.4倍、赵宝沟文化遗址数量的7.8倍。红山文化的空间分布范围与兴隆洼文化、赵宝沟文化的空间分布范围大体相当,但是文化遗存的密度要远远超过前两种考古学文化。文化遗址数量的大量增加,表明红山文化时期的经济规模扩大了,人口数量也有了很大的增加。这三种"之字纹"文化所处的自然环境没有本质性的变化,但单位面积土地上承载的人口数量却在增加,生产技术的进步、农业水平的提高当是根本的原因。

有一种看法认为,红山文化是一种主要分布在西拉木伦河以南的新石器文化,西拉木伦河以北分布的是以渔猎经济为主要经济形式的富河文化,形成新石器晚期燕山以北地区两种不同经济方式的考古文化在空间上的南北对立。这种看法现在看来是不妥当的,首先红山文化在西拉木伦河以北地区也有相当数量的分布,见于报道的有林西的白音长汗,巴林右旗的那斯台、古日古勒台、巴林左旗的南杨家营子、二道梁等地。其中巴林右旗那斯台发现的玉猪龙、勾云玉佩等红山文化晚期的典型器物,数量之多,制作之精美,丝毫不逊于在辽宁西部发现的同类器物。从目前的

考古材料看,红山文化的空间分布范围相当大,南到渤海湾沿岸,西到承德地区,东到哲里木盟南部地区,北到大兴安岭东南麓,并不存在西拉木伦河一带的分布北界。其次,富河文化的内涵,表现出早期文化的特点。如富河文化的主要陶器是夹砂"之字纹"筒形罐;聚落的规模很大,由房址破坏后形成的"灰土囤"多达150个,而每一个"灰土圈"下的房址多达几个;生产工具很原始,以打制石器为主(如有肩打制石锄等),骨器发达,流行细石器等。这些特点都与赵宝沟文化有很大的相似性。从区域人地关系的角度看,将富河文化归于赵宝沟文化时期可能更合适一些。富河文化与红山文化的差异,更多地属于时间上的早晚差异,而不是空间上的地区差异。

小河沿文化系统的结束

小河沿文化的遗存发现很少,目前见于报道的只有敖汉旗的石羊石虎山、小河沿,翁牛特旗的石棚山和克什克腾旗的上店等若干处。而且大多数遗存是墓葬,居住址仅仅有小河沿一处。因此,目前对小河沿文化内涵的认识还是很粗浅。

小河沿文化的14C测年数据在4300~4000aBP期间,介于红山文化与后来的夏家店下层文化之间,类型学的研究也证明了这一点。小河沿文化的出现时期,"之字纹"文化系统已经完全衰落了,小河沿文化的陶器很少见到"之字纹"装饰,而代之以几何纹和来自南方的绳纹。目前能够说明小河沿文化聚落情况的,只有敖汉旗四道湾子镇的南台地遗址。这个遗址位于白斯朗营下村西南,老哈河东岸的黄土阶地上,高出老哈河河床20~25米。该遗址东西长242米,南北宽85米,总面积约2万平方米,整个地势由南向北逐步降低。遗址内存在小河沿和夏家店下层两种文化遗存，夏家店下层文化房址打破了小河沿文化层。清理出的7座房址中有4座属于小河沿文化，皆为半地穴式建筑，有两类形态：一类为圆形双室，一类为椭圆形。圆形双室房址内未发现柱洞，推测为半地穴蒙古包式建筑；椭圆形房址内有柱洞，但数量很少，建筑形式也比较原始。从南台地居住遗址看，小河沿文化的人们是定居的，但是这种定居生活表现出很大的不稳定性，很可能是一种半定居性质的。房址内发现成堆的螺蛳、蚌壳及动物碎骨，似乎说明渔猎经济成分的比例占得很大。

南台地房址和灰坑中出土的陶器有瓮、罐、尊、器座、钵、豆、盘、猪狗头饰、纺轮等。陶系中夹砂陶占98.4%，泥质陶仅占1.6%，与西水泉红山文化居住址内的陶系统计比较，泥质陶的数量大大下降了。无论是陶土的加工，还是陶器的制作上，都显得比红山文化粗糙、落后。陶器纹饰中基本不见“之字纹”，原报告中提到的五件夹砂褐陶“筒形瓮”(H16:1)，即筒形罐，是以前的“之字纹”文化系统中常见的器形，但是以往在器表装饰的“之字纹”不见了，代之以菱形细绳纹。绳纹主要流行在中原地区，小河沿文化中筒形罐上装饰绳纹的做法，反映出不同区域间、不同文化系统的融合现象。小河沿文化中普遍出现的陶豆同样反映出这种南北文化系统交流的现象，陶豆常见于大汶口、龙山文化，以前的“之字纹”文化系统中很少出现，而在小河沿文化居住遗址和墓葬中都有发现，这是一个很值得注意的文化现象。小河沿文化中除包括大量新的由南方传来的文化因素外，当地的文化传统仍有很强的表现。如夹砂红陶直领罐(P4:2)，与红山文化同类器物非常相似；彩陶中的红陶尊，显然与赵宝沟文化关系很密切，器表上装饰的几何纹，更是与赵宝沟文化常见的几何纹有很深的渊源关系。从小河沿文化陶器的特点可以分析出，虽然当地最富于区

域文化特点的“之字纹”基本消失了，出现了大量由南方传来的新的文化因素(包括与大汶口文化相似的葬式)，但是旧的文化传统仍占有相当大的比例，表现出外来文化因素与当地文化因素相互融合的特点，也从另一方面显示出这一文化的不稳定与变化性。

小河沿文化南台地居住址内发现的生产工具以磨制石器为主，代表性器物有石铲(F2:12)、石斧(F2:4)、石锛(F4:4)、石刀(F1:1)、石杵、磨盘等，另外还有少量的细石器。石棚山墓地随葬的生产工具则有穿孔石铲(M38:6)、石刃骨刀(M34:7)，细石器也占有一定比例。总体来看，小河沿文化中的农业工具不如红山文化中的数量多，红山文化中常见的鞋底形石耜、双孔桂叶形石刀皆不见。由农业工具数量变少的情况看，小河沿文化的农业水平不高，至少要低于红山文化的农业水平。

小河沿文化发展时期的自然环境比红山文化时期更要差些。全新世中期8000~5000aBP的自然环境整体上是不错的，虽然红山文化时期的自然环境要劣于气候鼎盛期的条件，但仍然是比较好的。小河沿文化所处的自然环境，是全新世8000~5000aBP气候鼎盛期之后一段比较差的时期。孢粉分析结果表明，北京地区在5620±100年后，气温有比较大的下降，云杉、冷杉为代表的暗针叶林生长繁盛，是一个持续时期不长、冷湿的小冰期；在辽南地区，则在5000aBP前后出现气温下降、降水减少的趋势；根据在内蒙古中东部地区沉积层中乔木花粉数值含量与灌木、草本花粉含量的比值，建立了综合气候变化曲线，曲线显示出4500aBP前后是一个很明显的低温偏干时期。虽然这次降温在各地区发生的时间并不一致(由于14C测年方法不同或区域差异等原因)，但是在5000aBP前后存在一次温度较低的冷期是可以肯定的。

燕山以北地区流行了几千年的“之字纹”文化传统，到了小河沿文化时期基本消失了。是什么样的原因使得在一个很广大的区域内存在了几千年的文化传统中断了呢?是人类战争、瘟疫,还是自然灾害?可能各方面的原因都有,但是自然环境的变化可能起了更重要的作用。新石器时代的生产力水平毕竟还是很低的,频繁的低温、干旱或其他自然灾害足以导致脆弱的原始农业经济的崩溃,“之字纹”文化流行时期恰恰是8000~5000aBP全新世气候最好的时期,“之字纹”文化系统的发展与气候最宜期相始终,自然环境肯定对文化的发展起过很重要的作用。一旦文化所依赖的环境条件不存在了,文化的衰败也就成为必然。

在赤峰地区发现的小河沿文化的遗存数量很少,根据对1982年考古调查的统计,大约共有57处,仅占红山文化时期遗址数量的8.1%。从空间分布上来看,小河沿文化的分布范围大大向南收缩,仅集中在敖汉旗周边的黄土丘陵地区一隅。遗址数量的剧烈减少和空间分布上的大大南缩,反映了这个时期文化发展的停滞或倒退,与其相伴的是人口数量的大规模减少和经济水平的迅速下降。小河沿文化的生产工具同样反映了农业水平下降的现象,房屋建筑、制陶工艺方面也表现出这个趋势。小河沿文化中新出现的大量的南方文化因素,恰恰揭示出当时的社会经济结构的不稳定性。可以说,环境恶劣时期反复的气候波动是这种文化剧烈变化现象的最好解释。

发达的青铜农业

夏家店下层文化的遗存早在20世纪20年代即有发现,但一直未被正确识别出来,长期被笼统归之为“赤峰第二期文化”。1960年中国科学院考古研究所内蒙古发掘队在赤峰夏家店首次发现了两种相互叠压的青铜文化,并将下层为代表的遗存命名为

夏家店下层文化,上层为代表的遗存命名为夏家店上层文化。夏家店下层文化自20世纪60年代初被识别以来,在燕山南北地区陆续发现了大量同类文化遗址或遗存。从目前的材料看,夏家店下层文化的空间分布范围非常大,在北起西拉木伦河,南至燕山南麓山前地区;西起桑干河上游地区,东至辽河流域的广大区域内,都发现了同类文化的分布。根据考古类型学的比较研究,在这个广大区域内分布的夏家店下层文化可以初步划分为三大类型,即分布于燕山山脉以北地区的燕北类型(或称辽西类型)、分布于燕山南麓地区的燕南类型(或称燕山类型)和分布于桑干河上游地区的壶流河类型。构成夏家店下层文化的三大地域类型,既有文化内涵上的共性,又有地域上的差异性。分布于本研究区域内的夏家店下层文化基本属于燕北类型,与另外两个文化类型有比较大的区别,表现出很强的地域特性,并形成自己独特的时空演变过程。

1.夏家店下层文化

夏家店下层文化燕北类型在老哈河流域、英金河流域和大凌河流域都广有分布,目前经过科学发掘的有赤峰夏家店、药王庙、蜘蛛山、东山嘴、西山根,敖汉旗大甸子、范仗子、小河沿,宁城县南山根、三座店、小榆树林子,建平县水泉、喀喇沁河东,喀左小转山子和北票丰下等十几个遗址。根据考古类型学和地层学的研究,夏家店下层文化的存在时间大约在夏代至商代早期。目前已经测出的有关夏家店下层文化的14C年数据,除ZK0176一个数据偏早外,其余数据基本在4000~3300aBP(达曼表校正值),与夏商时代基本一致(夏纪年在4045~3611aBP,商纪年在3661~3048aBP),14C测年数据与考古学断代结果相吻合。夏家店下层文化在燕山以北地区存在了大约六七百年。

组成夏家店下层文化的陶器群很有特色:陶系以夹砂褐陶、夹砂灰陶、泥质灰陶为主,流行绳纹和绳纹加划纹,炊器主要是鬲;盛器主要有盆、罐,折腹盆、鼎、钵亦为常见器类。根据夏家店出土器物统计,夹砂灰陶所占比例为43.1%,泥质灰陶为31.85%,夹砂褐陶为13.2%;绳纹纹饰占29.0%,绳纹加划纹为32%,附加堆纹为19.55%,素面和磨光为18.4%。药王庙、蜘蛛山、南山根等地的统计结果也大致相同。陶器皆手制,多用泥条盘筑法,有些器物可能用慢轮修整。陶土可能经淘洗,夹砂陶中砂粒细小均匀,火候较高,质地坚硬,颜色较纯,制陶技术水平较高,工艺细腻。

由各遗址发现的陶器群看,夏家店下层文化中既有龙山文化的一些风格,又有二里头夏文化和二里岗商早期文化的某些特点,与以前流行的新石器各阶段文化的差别非常明显。如果将新石器"之字纹"文化系统视为当地原生文化的话,夏家店下层文化则更多地表现出来自燕山以南中原地区的文化因素,有些考古学者干脆就把它看做一种龙山文化的变种,属于有浓厚地方色彩的中原系统文化。夏家店下层文化的另一个引人注意的特点是遗址分布的密度很大,如在赤峰以西的西路嘎河两岸的遗址分布,几乎超过现代居民点的密度;在大凌河支流牛河上游地区,也十分密集地分布着夏家店下层文化遗址,连绵不断地分布于略高于现代村落的黄土台地上。仅仅在奈曼旗南部的黄土台地、丘陵地区,就发现了46处夏家店下层文化遗址,其密度之大,由此可见一斑。除遗址分布密度大这一特点外,遗址的规模有的相当惊人,已经具备原始的城的性质。如在赤峰西山根、东八家,敖汉旗城子山、等子山,都发现了大型夏家店下层文化石城址。夏家店下层文化的居住址,无论是在分布密度上,还是在建筑规模上,都是史前燕山以北地区诸考古文化中空前绝后的,间接反映了这一时期人口数量多、生产力水平较高的特点。

目前在燕山以北地区发掘过的夏家店下层房址大约有40余座,这些房址按建筑方式分为半地穴型和地上型两类。半地穴型包括圆形独间式、方形独间式,地上型有圆形独间式、方形独间式、方形多间式。建筑形式多样,技术水平较高,用土坯或石块砌筑墙壁,是夏家店下层文化房屋建筑的一大特点。夏家店下层文化的房屋建筑大致经历了由地下向地上、由圆形向方形、由独间向多间发展的过程。

夏家店下层文化居住址中比较典型的是北票县丰下遗址。这个遗址位于北票县城西北16千米的丰下村,是大凌河支流东官营子河与西官营子河之间的黄土丘陵地区。丰下夏家店下层文化居住址位于东官营子河支流丰富台沟西岸的黄土台地上,台地高出河床约6米,遗址东西长约100米,南北宽约75米。遗址的文化层堆积一般厚3米左右,最厚处可达6米以上。深厚的文化层堆积显示出这一居住址使用的时间很长。发掘的18座房址全部位于文化层的第二层,根据夏家店下层文化的分期研究,属于夏家店下层文化发展的晚期阶段。第二层文化层内的房址相互叠压和打破现象非常突出,房址分布密集。在遗址南区500平方米范围内就揭露出14座房址,其中圆形单间式12座、长方形单间式5座、方形双间式1座。房址的结构大都外围石墙,内墙以土坯砌筑(个别为夯筑土墙或泥土墙,也有石砌的)。土坯为黄土或灰土草拌泥质,规格均一,大约长40厘米,宽20厘米,厚8厘米,采用“三七错缝”砌法叠砌。墙壁砌成后内外壁再加抹一层或多层草泥土。石围墙在土坯墙外,一般紧贴土坯墙,有的石墙与土墙间有一段间隔,有的间隔很大,可能已演变成院落的性质。从这些房址的建筑结构上看,当时房屋建筑得非常坚固,而普遍使用石块和土坯作为房屋的建筑材料,表明当时人们已掌握了较高的建筑技术。丰下遗址中的房屋遗址不仅修筑得精巧坚固,而且发现有相当多的修补痕迹,表明房屋经过很长时间的使用。室内居住面大多都不只一层,一般有二三层,最多的可达六层。而且在加垫一层居住面时也相应在内墙壁加抹一层草泥土,形成很厚的内墙草泥土层。由此也可以看出,当时人们对房屋的维修是很精心的。虽然在丰下的考古发掘揭露的仅仅是整个遗址的一部分,对整个聚落的规模和布局结构尚缺乏了解,但是从发现的大量房屋遗址中,仍可以了解到夏家店下层文化时期的房屋修筑得非常坚固,并且表现出长期使用的痕迹,说明当时人们过着非常稳定的定居生活,很少发生人口的移动现象。

与北票丰下遗址类似的夏家店下层文化房址在赤峰蜘蛛山、药王庙,宁城小榆树林子、三座店,建平县喀喇沁河东、朝阳热电厂和奈曼旗、库伦旗南部黄土丘陵地区,都有广泛发现。表明北票丰下遗址中反映的情况,在燕山以北的夏家店下层文化发展时期是普遍流行的,具有比较广泛的代表性。

夏家店下层文化的另一类居住遗址是一些被称为"石城"的大规模聚落址。在赤峰东八家、西山根、敖汉旗城子山、等子山、阜新双井子等地都有分布。这一类聚落遗址以规模大和房址密集而引人注目。以东八家石城为例,这个遗址位于赤峰市东北约15千米的东八家村北的山坡上,南临英金河。石城修筑在山坡的黄土层上,利用山势,用石块堆砌成不规则长方形城墙,东北角缩入,西北角突出,全城东西宽140米,南北长160米。房址集中于城的南部,密集地分布了大约66座。倒塌的石墙壁在地表形成了一个一个的圆形石堆。这种有坚固石墙保卫的大规模聚落址已经初步具备城的性质,反映了夏家店下层文化晚期的高度发达状况。

夏家店下层文化虽然已经属于青铜时代,但生产工具仍然以石器为主。石器工具按制法划分有磨制石器、打制石器或打磨兼

制石器，细石器占有一定比例，骨制工具也比较多。生产工具种类很多，专门化发展很明显。据药王庙、南山根、蜘蛛山的石器统计，磨制石器约占65%以上，打制石器约占15%，压制石器约占15%。磨制石器主要有石铲、石刀、石斧、石锛等，打制石器主要有石锄、石斧、盘状器等，细石器主要有三角形石镞、刮削器，骨器中以骨铲、骨匕为代表。以石、骨质料制作的农业生产工具构成夏家店下层文化工具的主要成分。最有特色的农业生产工具是窄顶宽刃边的打制石锄，长方形磨制石铲，长方形和三角形磨制石刀。这些很典型的农业生产工具反映出当时的经济形态与土地利用方式是以农业为主的。夏家店下层文化是一种以农业土地利用方式维持的文化-经济形态，这一看法也由遗址中发现的粮食遗存所进一步证实。考古工作者在北票丰下遗址发现了稷、粟的遗存，在赤峰四分地东山嘴遗址发现了栽培化的粟遗存，在大甸子墓地发现了谷子遗存(SetaaLia ltalica)，证实了夏家店下层文化以旱作农业为主要经济方式。另外，在许多遗址中都发现了猪、狗、羊、牛、鹿科动物的骨骼，表明当时的家畜饲养业很发达，同时狩猎业仍占有一定的比重。

由夏家店下层文化的聚落址、房址、生产工具、粮食作物遗存、动物骨骼等方面的分析情况看，基本可以肯定夏家店下层文化时期的人们以旱作农业为主要土地利用方式，同时饲养猪、羊、牛、狗等家畜，过着稳定的定居生活，渔猎业仅仅作为经济补充成分。

夏家店下层文化燕北类型的空间分布特点很值得注意，其南部界限基本在冀辽山地一线，其北界在赤峰地区则基本位于西拉木伦河以南的地区，位于西拉木伦河以北的林西县、巴林右旗、巴林左旗都没有发现典型夏家店下层文化的遗址。夏家店下层文化的空间分布范围，与红山文化相比，有很明显的南退现象。红山文化在大兴安岭东南麓的山前地区有广泛的发现，但夏家店下层文化燕北类型在这个地区却基本上消失了。比较红山、夏家店下层两种考古文化的分布北界，在4000 ~ 3300aBP这一段时间，夏家店下层文化的分布北界比全新世最适宜期时的红山文化的分布北界要偏南大约1个纬度。

夏家店下层文化存在的4000~3300aBP时段内，自然环境是比较好的。中国西部山地的冰芯研究表明，5000~3000aBP期间，其间的1000时间一直维持着高温气候。内蒙古中东部的孢粉分析也表明，4100 ~ 2500aBP的环境是比较好的，仅次于气候最适宜期的环境条件，但与最适宜期的环境相比，气候变得更干燥一些，辽南地区的干燥度曲线在5000 ~ 3000aBP有一个很明显的增加时期。目前对夏家店下层文化时期燕山以北地区的自然环境尚缺乏系统、全面的研究，但从相邻地区的研究结果看，这个时期的环境表现出变冷，特别是变干的趋势，4000~3300aBP一段的气候以温暖干燥为主要特征。辽南地区的研究结果表明，这一段时间的平均温度大约为12℃，比现在高2~4℃，但比气候最适宜期的平均温度下降了大约1℃左右(当时的平均温度为13℃左右)。

与全新世最适宜期相比，夏家店下层文化时期的自然环境表现出温度偏低和降水量减少，生存环境的整体质量下降了许多，但是文化的发展却表现出截然相反的特点。夏家店下层文化遗址在燕北地区发现得非常多，这一类的遗址数量在各类考古学文化中居于首位。目前，赤峰地区发现的夏家店下层文化遗址大约有2664处，是各类考古学文化中遗址数量最多的一种。与早期发达的新石器红山文化相比较，夏家店下层文化的遗址数量是红山文化遗址数量的3.8倍，但其分布的地域范围却仅有红山文化分布范围的一半左右。换句话说，夏家店下层文化时期单位面积土地的承载力是红山文化时期的7.6倍左右。土地承载力的大大提

高，反映了土地利用的集约化，而土地利用的集约化，又是以农业的专门化为前提的。夏家店下层文化发达的农业，是保证这个青铜文化高度繁荣和发展的重要物质前提。

夏家店下层文化中农业的专门化现象，是文化对自然环境变化的一种适应，在环境整体变差的情况下，新的集约化的农业土地利用方式出现了，这种新的土地利用方式成功地适应了环境的变化，解决了文化所面临的环境挑战，产生出了新的发达的青铜文化。环境的变化成为刺激文化进步的一个重要的外部因素。

自然环境对夏家店下层文化的影响，还表现在夏家店下层文化的空间分布特点上。与早期的“之字纹”系统文化相比，夏家店下层文化的分布范围大大向南收缩，造成夏家店下层文化分布北界南退的原因是什么呢？文化内部的原因固然很重要，民族差异、文化传统和生活习俗等，也可以解释这一现象。但是首先应该考虑的应该是文化所赖以存在的自然环境，像夏家店下层文化这样基本以旱作农业为经济基础的农业文化，旱作农业对自然环境中土壤、水分和热量的要求，直接影响了文化的空间分布范围。因此，夏家店下层文化的分布北界，实际上反映了自然环境中土壤和水热条件对旱作农业的制约作用。夏家店下层文化的分布北界大约在北纬43°一线，这里是典型黄土分布的地区（以北则为沙黄土的分布地区），土壤条件较好，降水量较多，热量资源丰富，区域内部土壤、水分、热量的组合良好，是赤峰地区最适合发展旱作农业的地区。夏家店下层这种以旱作农业为基础的考古文化的空间分布特点，恰恰说明了当时自然环境对人类活动的制约作用，考古文化的空间分布与自然环境的变化表现出高度的一致性。

从区域地理环境的空间差异来分析，夏家店下层文化的分布北界正好是当时的生产力水平下自然环境条件能够允许的旱作农业存在的北界。这一现象很值得注意,在历史时期的不同阶段,燕北地区的农业区位置也大多位于这个地区,农业区的分布与自然环境条件显然有着密切的联系。

2. 夏家店上层文化

继夏家店下层文化之后,燕山以北地区出现了夏家店上层文化。这一文化也首先识别于赤峰夏家店,并因其叠压在夏家店下层文化层之上而得名。

夏家店上层文化的存在时间,一般认为在西周早期到战国早期或中期,有关夏家店上层文化的14C测年数据不多,仅有林西大井遗址中测得的一组,年代较早,属于西周早期。从时间上看,夏家店上层文化与夏家店下层文化在燕山以北地区并不衔接,中间有一段缺失,即至少隔着二里岗上层和殷墟两个阶段。目前所发现的夏家店上层文化遗存,大部分属于春秋中期。夏家店上、下层文化之间不仅在时间上相互不衔接,而且两者的文化面貌也有极大的差异,明显属于两个不同的文化系统,即两者之间是替代而不是演替的关系。两种文化的差异首先表现在陶器上,夏家店下层文化的陶器以灰陶为主,绳纹和绳纹加划纹为常见纹饰,制法以泥条盘筑为主,兼有模制,部分陶器使用轮制。基本器物组合以鬲、盆、罐为代表。陶器的火候高,胎质坚硬,表现出较高的制陶工艺水平。夏家店上层文化的陶器皆为夹砂陶,陶质粗疏,皆手制,不见轮旋整治过的痕迹。因制作粗糙,常在罐的肩口,鬲的足与腹壁接合处出现断裂现象,器壁厚薄也不匀。器表大都经过粗略地打磨,罕见纹饰。烧制火候较低,陶器多呈暗红、褐色。器物组合以鼎、鬲、豆、罐、盆、钵为代表。制陶工艺水平落后于夏家店下层文化。

夏家店上层文化的房址发现不多,由夏家店、蜘蛛山两处的发掘情况看,房址有窖穴式、半地穴式和地上式三种。夏家店发现的地上式住房用黄土筑成墙壁,蜘蛛山发现的一座窖穴式房址也采用土坯垒砌底面和墙壁的做法。从目前的材料看,夏家店上层的居住址,无论是房址数量,还是建筑技术水平,都要远逊于夏家店下层文化,而大规模的聚落址则一直没有发现。夏家店上层文化的生产工具也有很大的变化,下层文化中富有特色的农业生产工具,如磨制的扁平有肩石铲、横截面呈三角形的石刀、打制的亚腰形石锄等全部消失了。只有一种用于刈割用的弧背半月形穿孔石刀,松土的农具则基本不见。石器工具中敲砸器较多,楔形石锤斧很有特色。石器以磨制为主,打制石器极少见,有骨器和少量细石器,生产工具有石斧、锤斧、石刀、盘状器、环形器、杵、臼、锤等。

与夏家店下层文化相比,夏家店上层文化的青铜器非常发达,特别是青铜武器和马具。夏家店上层文化墓葬中出土的青铜武器有铜戈、铜矛、铜斧、铜刀、铜剑、头盔等,马具则有马衔、马镳、銮铃、当卢等。20世纪70年代,在林西大井发现一座夏家店上层文化铜矿遗址,遗址面积约2.5平方千米,地表可见的露天开采矿坑47条,仅从四号坑道的局部发掘中就发现了与采矿、选矿、冶炼、铸造有关的工棚遗址四处,采矿工具1500余件。另外,还发现了冶炼遗址多处,出土和采集到大量坩埚残片、焦渣和冶炼用的鼓风管。林西大井古铜矿遗址的发现,说明夏家店上层文化中大量富于地方特色的青铜器都是在当地铸造的。

由以上的材料对比中可以看到,夏家店上层文化的农业与制陶业远远不及夏家店下层文化发达,聚落规模与房屋建筑方面也要大大落后。但在青铜器的铸造方面要此夏家店下层文化发达,特别是青铜武器,如銎柄式青铜短剑等。在牲畜驯养方面除夏家店下层文化中已见到的猪、狗、羊、牛外，又出现了用于乘骑的马。由几方面的情况看，夏家店上层文化似乎是以包含一定农业成分的游牧业经济为基础的。

目前发现的夏家店上层文化的遗存年代，北部的年代较早，而南部的年代较晚。因此，有些学者认为夏家店上层文化是与松花江上游地区西团山文化有关的青铜文化南徙而形成的。西周以前这种文化分布于西拉木伦河以北，之后渡河而南，春秋以前达到燕山北麓地区，形成空间上由北向南推进的过程。夏家店上层文化的存在年代大致由西周早期到战国中期，即2800~2350aBP，其下限以燕文化的进人为终结，其上限则与夏家店下层文化之间有一段空缺。如何解释这两种不同性质考古文化的演变关系，成了一个很困难的问题。有的学者认为分布于辽西黄土丘陵地区的魏营子类型可以作为两种文化的中间阶段，其时间介于晚商到周初，其文化内涵既与夏家店下层的晚期阶段有较多的接近点，又与夏家店上层文化有诸多的密切关系。因此，魏营子似乎可以作为两种文化的过渡类型。但是最新的考古材料表明，把魏营子类型看作与夏家店上层文化基本并行的文化可能更合适一些，它的上限在商代晚期（殷墟二期至三期左右），下限最晚则到两周之际。魏营子文化有自己独特的陶器群，并共出短茎式曲刃青铜剑和大量的商代青铜容器，它既有夏家店下层文化的成分，又吸收了来自东部高台山文化的因素和南部商文化的因素，形成独立的考古文化系统。其分布范围西北至努鲁儿虎山，东达医巫闾山，东南到渤海沿岸，即辽宁西部黄土丘陵地区。与北部老哈河、西拉木伦河流域的夏家店上层文化呈并行发展的形势。从夏家店下层文化、夏家店上层文化、魏营子文化的空间分布与时间早晚上看，商代晚期夏家店下层农业文化大规模南退，一直退到努鲁儿虎山、燕山一线以东、以南地区，并演变成魏营子文

化。以北地区则出现以游牧业为主要经济形式的夏家店上层文化,并呈现由北向南发展的趋势。这一大规模考古文化在空间上的变动,大约开始于商末,即3000aBP前后。

这一次文化上的激烈变动,与当时自然环境的变化也正巧相一致。在自然环境的演变上,3000aBP前后,正是全新世大暖期结束的时期。祁连山冰芯研究的结果表明,3000aBP以前的温度以暖为主,而3000aBP以后,以变冷趋势为主。在敦德冰芯的δ18O曲线上,2900aBP后,呈现多次连续的降温波动,表明自然环境已进入了降温期(Katathermal)。在这一时期,北京地区山前平原和山间盆地内中全新世普遍沉积的泥炭停止发育,其开始的时间在3000aBP。而在辽宁南部地区,根据沉积物地层结构、孢粉组合、放射性碳年代等方面资料的综合分析,将冰后期温暖气候转变为凉爽或比较寒冷气候的界线定在2500aBP。内蒙古中东部冰缘地貌的研究表明,寒冷的第三冰缘阶开始于2300~2400aBP。在赤峰地区夏家店上层文化墓地中收集的植物和孢粉分析结果也证明,夏家店上层文化时期气候变得温干,温性森林减少,草原面积扩大。虽然目前对全新世大暖期(Megathennal)在中国结束的时间认识不一,有2500年、2760年和3000年之争,在燕山以北地区也缺乏系统研究和精确的数据,但有一点是可以肯定的,即全新世大暖期之后环境变化对考古学文化的剧变肯定起过巨大的影响。

夏家店上层文化在燕山以北分布广泛,赤峰夏家店、蜘蛛山、红山后,宁城三座店、南山根、小黑石沟,敖汉旗周家地,翁牛特旗大泡子,林西大井和克什克腾旗龙头山,都有发现。其分布南界与夏家店下层文化燕北类型基本一致,北界则要超过前者,一直分布到大兴安岭东南麓一带,夏家店下层文化的旱作农业北界被打破了。

与夏家店下层文化相比,夏家店上层文化的文化性质发生了很大变化,主要表现为土地利用方式从集约的农业转变为畜牧业,并表现出向游牧业转化的特点。在遗址的数量方面,赤峰地区夏家店上层文化的遗址数量有598处,约占夏家店下层文化遗址数量的22%左右。遗址数量大量减少和遗址空间分布范围的增加,反映了这个时期单位面积土地承载力的下降。与专业化的旱作农业相比,畜牧业(或游牧业)这种新型的土地利用方式,在一种更加干旱化的环境中具有更大的适应能力,这反映了区域文化对环境变化的又一次适应,而自然环境的变化,又一次表现出对文化变化的刺激作用。

欧　洲

欧洲的怪雨

虽然欧洲全年降水的季节分配比较均匀,但在降水的过程中也曾出现过种种怪雨。

1840年的一天,位于伊比利亚半岛上的西班牙滨海一带,突然乌云翻滚,电闪雷鸣,大雨夹着麦粒倾泻下来。雨过天晴,院落内,街道上、田野里,到处撒满了小麦。为了揭开"麦雨"之谜,科学工作者花了2个多月的时间,才弄清了它的来龙去脉。原来,下"麦雨"那天,远在北非摩洛哥上空,出现了天气异常现象,在黑如墨染的云头上,垂下了一个类似"象鼻子"的东西,一下子就把这里一个装满小麦的粮仓卷上了云头,接着,狂风推着浓云迅速向北飞驰,越过直布罗陀海峡,直到西班牙才随着暴雨降落。

同年夏天,更新奇的事在苏联发生了,一个闷热的下午,商尔基省的巴甫洛夫区米西里村上空,浓云骤起,雷闪大作,倾盆大雨接踵而来。人们定眼细看,雨中央有冰雹似的白色物体,但不是圃球,而是圆片。这是什么东西呢?大雨一停,急不可耐的村民赶忙奔到室外看个究竟,啊!是银币,而且是伊凡五世时期的古老银币。他们到处寻找,共拣到数千枚稀有的古银币。后来查明,在米西里村附近，古代贵族曾在地下埋藏了许多银币。经过狂风吹蚀，暴雨冲刷，覆盖土层变薄，银币逐渐露出地表，恰在这时，漆黑的浓云伸出了“象鼻子”，把它们吸上高空。过了一会儿，随着暴雨的泼洒，散落在地上，形成了举世罕见的“银币雨”。

1060年3月1日下午，在法国南部地中海沿岸的土伦地区，竟然有无数只青蛙从天而降，“飞”落到地上。这些倒霉的青蛙被摔得头破血流，甚至开肠破肚，多数当场丧命，少数幸存者痛得呱呱直叫。

19世纪初，北欧的丹麦下了一次“虾雨”，足足持续了20多分钟。此外，还在一些地方降过“红雨”、“黄雨”、“黑雨”等。更有趣的是，在西班牙的一个城市效外，还下过一次“橙子雨”，雨后院中满地黄橙，俯拾皆是，人们又惊又喜。

1890年夏天，在苏联土尔斯克省还下了一场“布雨”，有三四十匹麻布从天而降。在苏联东部太平洋海岸附近的卡伐利罗伏村，下过海蜇雨。有的地方还下过蝌蚪雨、老鼠雨、蜗牛雨……

怪雨之源是云端垂下的“象鼻子”，学名叫“龙卷风”。龙卷风是猛烈旋转、上升的空气柱，风速最高达到每秒50米以上，有的甚至超过200米。而十二级台风的风速是每秒32.6米，速度相差五六倍。

龙卷风的气力有多大，谁也难做出具体的回答。1956年9月24日，上海地区一次强龙卷，竟把黄埔江边一只22万斤重的有三四层楼高的空油罐举到四五丈高，然后扔到120米以外的地方去。可见，要把地面上的钱、橙子、青蛙卷上天空，对龙卷风来说，那是轻而易举的事。

罗马尼亚的盐山

罗马尼亚喀尔巴阡山两侧，分布着大大小小240多个盐丘。

厚度达到几百米的盐矿，有的埋藏在地下几十米的深处，有的裸露在地表成为盐山。在喀尔巴阡山南麓的斯勒尼克的盐山，直接耸立在盐湖上，高出地面30多米，由于岩盐的分解，在盐山之内形成一个很大的地下湖。现在盐山的顶峰已经有一部分塌落于湖中，这个地下盐湖与山外有岩洞相通，从外貌上看与石灰岩地区的岩熔地貌非常相似。它的含盐量分布是很有意思的，表面几乎是淡水，越向下含盐量越多。盐山和盐湖这种有趣的结合已经成为罗马尼亚有名的游览地之一。现在斯勒尼克湖已开辟为一个大型的游泳场供人们娱乐。全罗马尼亚的盐矿储量约有6000亿吨。每年还大量出口原盐和以盐为原料制成的纯碱和烧碱，罗马尼亚的盐可供全世界吃1300多年。

地下迷宫

南斯拉夫全境3/4的土地是山地。山脉主要由石灰岩构成。在地中海温暖多雨的气候条件作用下，已形成为世界上著名的石灰岩地形区。在亚得里亚海沿海有名的是波斯托依那溶洞，洞长24千米。从最低处至最高处，垂直距离为67米，据说这是由比佛卡暗流用了300万年的漫长岁月才塑造了这条奇伟壮丽的山中长廊——地下迷宫。洞内到处可见倒悬的石钟乳、挺拔的石笋和华丽的石柱，千姿百态，发人想象，似各种人物、动物及其他形象，有的像是儿子依偎在母亲的温暖怀抱里，母子相依之情跃然石上，有的像神话世界里巨大宝看花，冰莹玉洁，璀璨夺目，惟妙惟肖，逗人喜爱。人们根据洞内各处的特点和形态分别赋予它们以不同的名称。如“尖拱厅”、“水晶厅”、“跳舞厅”、“音乐厅”等蔚为壮观的大厅。白色的“音乐厅”有3000平方米，可容纳近5万人，且音响效果很好,每年至少要在此举行一次音乐会。

洞内滴水叮咚,流水潺潺,比佛卡河时隐时现,一座"俄国桥"横跨河上,因为桥是第一次大战时为俄国战俘所修,故得此名。洞内水中还有33厘米长的"人鱼",是一种有4只脚的两栖动物,因皮如人肤,人们称为"人鱼"。

洞内铺设的一条环形窄轨,游人可乘坐敞篷有轨电车,观赏洞内各种奇景。地下迷宫以其气象万千的奇景,每年都吸引着数十万国内外的旅游者。

地下挖出的古城

维苏威火山在那不勒斯东南,海拔1277米,是世界著名的活火山之一。公元79年8月24日,维苏威火山突然爆发,火山灰把附近的庞贝城和赫库兰尼姆城全都淹没。直到1800年后才被发现。全城的房屋都没有了,剩下的只是有铺的街道和硅石造成的大小房屋的围墙。著名的古罗马圆形剧场、宏伟的神庙、用蚧壳装饰的公共喷水池、街道两旁的商店和住宅,都有残迹可寻。住宅门上还留着主人的名字,屋内壁画的颜色仍很鲜艳。许多日用品也还陈列在那里,在商品里还能看到很多的东西。在兵营里发现了几副人骨,这是锁在木桩上的士兵,看来在灾难降临时,同伴们都逃跑了,扔下了他们两个人。

罗马城名考

古罗马城建于公元前753年,至今已有2730多年历史。关于

罗马城名还有一段神奇般的传说。《罗马史库》中记载：罗马人的始祖伊尼德，参加过特罗伊战争。特罗伊城被攻陷后，全城只有他跑了出来。他的后代西尔维亚女子被谋夺了王位的叔父逼迫，成了供奉炉灶女神的贞女。后来西尔维娅和战神马尔斯结合，生了一对双胞胎：哥哥罗马路斯和弟弟里魏斯。这件事触怒了国王，他害死了西尔维亚，还下令把两个孩子放在筐子里抛入台伯河。后来筐子被冲到岸上，一只母狼哺乳他们，他们就和小狼一块活了下来。狼被猎人捕杀以后，猎人就把两个孩子抚养成人。两个孩子长大以后像父亲一样强壮，他们为母亲报了仇。罗马路斯在母狼哺育他的地方建立了城市，并用自己的名字命名为罗马。至今，罗马城徽的图案就是一个母狼哺乳两个婴儿。在罗马街头出售纪念品的货摊上，出售最多的是各种形状母狼哺乳两个婴儿的雕像。其中一个婴儿就是传说中的罗马城的第一任国王——罗马路斯。由于罗马城建在景色秀丽的七个山丘之上，因此曾经被称为“七丘之城”。

“水城”——威尼斯

位于意大利东北部的重要海港名城——威尼斯，是亚得里亚海滨的一串明珠，市区建在海滨的118个小岛屿上，177条大小河道相互沟通，由401座各式各样的桥梁串联衔接而成为世界著名的“水城”。又被誉称为“桥城”。入夜，灯光映着碧水，明月照亮大海，泛舟在亚得里亚海滨像进了水晶宫一般，真是人间奇景。

威尼斯不是“开门见山”，而是“开门见水”、“出门乘舟”，是世界上唯一不以汽车作为交通工具的“水城”。这里的大小船艇挤在大运河里，穿梭般地来往不绝，不仅有现代化的摩托艇、汽艇，而且还有古老的“公朵拉”。“公朵拉”是一种小游船，翘着头尾，由船夫划橹，供游客饱览两岸风光。

威尼斯已经有1400多年的历史了。许多年以前，威尼斯还是一片荒芜的海滩。马可·波罗到意大利各地传教，乘船经过里亚托岛海岸，夜时暴雨骤起，把船掀到荒凉的沼泽地带搁浅了，马可·波罗认为到了绝境，向天折祷。似乎听到天使在召唤：愿你平安，马可！你和威尼斯共存。这样，这位《马可福音》的作者成了威尼斯的护城神，其标志为狮子。现在的威尼斯城徽还是一头狮子拿着一本《马可福音》。

现在，马可·波罗的故居一幢三层小楼，至今仍保存完好。门前有一座大石桥——马可·波罗桥。只是楼内居住着市民，没有向外开放。

梵蒂冈城

梵蒂冈城是梵蒂冈城国的首都。它坐落在意大利首都罗马城西北角，面积0.44平方千米，人口约1000人。

梵蒂冈是一个神权国家，教皇是这个国家的元首，同时又是全世界天主教徒的精神领袖。梵蒂冈城的建筑布局森严，充满十分浓厚的宗教色彩。全城以圣彼得大教堂为中心，往东是圣彼得广场，往北、往南是天主教教廷办公用楼和庞大的博物馆，往西是园林绿化区。

关于梵蒂冈城国的来历，可以追溯到公元8世纪中叶，法兰克王子丕平为报答罗马教皇对他篡夺墨洛温王朝的帮助，把罗马城及其四周的部分土地送给教皇，史称“丕王献土”。从此，在意大利中部出现了教皇为君主、罗马为首都的教皇国。19世纪中叶，

意大利完成民族统一事业，收复罗马及教皇辖地。教皇世俗权力被剥夺，避居于罗马城西的梵蒂冈，仅保留了拉特兰宫和一些寺院。1929年2月11日，意大利总理墨索里尼同教皇庇护十一世签订了《拉特兰宫条约》，承认梵蒂冈为“独立国”，主权属于教皇。教皇正式承认教皇国的灭亡，另建梵蒂冈城国。

梵蒂冈是世界上最小的国家，也是世界上最富的国家。由于千百年的历史关系，形成了西方世界古代和中古宗教文化的中心，是最庞大的金融帝国之一。它在世界各大银行的巨额存款以及遍及全球的大量投资，知道的人恐怕就不很多。梵蒂冈对它的财产严守秘密是可以理解的。如果人们知道它已是世界上最富的国家，那还有谁给梵蒂冈捐献呢?

“上帝造海，我们造陆”

荷兰正式国名叫尼德兰王国，简称尼德兰。尼德是低的，兰是地方、周家。合起来是低地黑之意。荷兰矗世界著名的低地国，全国1/4以上的土地低于海亭一寓，还有1/4以上的土地海拔不到10米，荷兰有一句谚语:“上帝造海，我们造陆”。

荷兰人民进行拦海造田，已有很长的历史，从13世纪开始起，与海争夺土地的斗争已经持续了700年。首先，他们用的提水工具是风车，后来逐渐用蒸汽机、柴油机和电动机，但是大规模地拦海造田是从本世纪开始的。

1916年，荷兰制订了拦海造田的计划，在拦海工程中规模最宏大的是围垦须德海的工程。这项计划1920年动工，1932年在弗里斯兰省和北荷兰省之间建成了巴里尔拦海大坝，全长30千米，把须德海变成了内陆海，使荷兰的海岸线缩短了180千米。

大坝建成后，在内海开始了造田工程，整个水域被划分为五个地段，总共是22.5万公顷(339.6万亩)的土地，现已基本完成了四个地段。威林密尔地段是最早建成的，现已成为典型的农业区。

1951年的1月底，一场猛烈的风暴和海啸冲垮了鹿特丹以南地区的海坝，1800多人和大批牲畜葬身鱼腹，许多住房和16万公顷农田毁于海浪，灾害之严重震惊了荷兰全国，政府和议会为了根治这一地区的水患，决定兴建更大规模的水利工程，称为三角洲工程。因为这里正处在欧洲三条著名河流——莱茵河、斯海耳德河、马斯河的出海口。这项工程总投资达40亿美元，包括兴建16座大型海坝、2座大桥、7个船闸、4道防洪堤及开挖两条新水道和建造1200千米公路，把三角洲地区5个岛屿连成一片。

现代化的超级大港——鹿特丹

素有“欧洲门户”之称的荷兰港口鹿特丹，位于大西洋东岸，莱茵河三角洲上，具有得天独厚的地理条件，是世界上规模最大的港口，鹿特丹有多大呢?1973年以来，每年约有3.6万艘海船、20万艘内河货船进出海港，每16分钟就有一艘海船进入港口。它拥有60多个港池，全港水域面积达2148公顷，码头岸线总长37千米。

鹿特丹港进出口货物的90%以上为大宗货物。进口以原油、煤炭、矿石、畜产、肉类、食品为主;出口以石油、化工产品，机械为主。每年进口的原油约为全港吞吐量的1/3，港口拥有的83个油码头，都装有先进的测速仪、船位自动记录仪等，以保障油轮靠泊的安全。近年来，为了适应不断增长的矿石和煤炭吞吐量的需

要，新建了水深21.6米、吞吐量为18000万吨的马斯平原矿石码头，可接纳20万吨级的矿石船。码头上的大铲斗，一次可以铲起30吨矿石。矿石从船上铲起，通过传递带一直运到储存场，全部过程用电子计算机控制。所以，在这个一昼夜可以卸下7万吨矿石的码头上看不到几个人，劳动生产率达到了相当高的水平。

鹿特丹港的集装箱运输也较发达。港口共有16个集装箱专用码头，1984年，集装箱吞吐量达254万箱，超过美国，居世界各港首位。

鹿特丹不仅是一个庞大的海港，而且也是通往欧洲广大腹地的内河转口港。欧洲腹地有80%的出口货物要经鹿特丹港出海。鹿特丹港是一个海、河综合港，各种船舶穿行如梭，导航十分复杂。港口设有一个先进的海上雷达网导航系统，由中心站把有关引水指令通过海上装有雷达反射器的浮标传到引水区内各条船上。目前有7座雷达导航站。

英国的阿伯丁

阿伯丁地处北海之滨，是英国海洋石油开发的前沿基地。它有一整套海洋石油工业体系，从潜水到钻井，从消防到救生，从供应船到直升机，从管道铺设到气体供给……与海上石油平台结构系在一起，组成了一个繁忙的石油世界。而且，在这个21万人口的城市里，散落着100多个大、小旅馆，为海上看油平台人员的换班和国际石油公司的人员提供了充足的住宿条件。阿伯丁、公路与全国连成一片，飞机航线与挪威、丹麦、荷兰、法国、爱尔兰直通。街道两旁商店林立，新住宅区向郊外延伸；海滨浴场不断扩充，两座国际超级商业中心正在兴建；一批批旅游者从世界各地蜂拥而来……

然而在70年代以前,这里还是一个远离大都市的渔港,是苏格兰主要的捕鲸基地及鲱鱼市场,随着海上石油工业的开发,才给阿伯丁带来了巨大的变化。

由于阿伯丁市政府十分强调环境保护,特别是对沿海采取了严格的防污措施,使整个城市都是绿草茵茵、树影成荫、鲜花怒放。尤其是玫瑰花,把阿伯丁装点得格外美丽。在1983年的玫瑰花节里,人们相互赠送玫瑰花,还向店员、警察、司机、机场和铁路职员以及乘客免费分送了25万多支玫瑰花蕾。在全英城市比赛中,阿伯丁荣获"花都"的美称。

伦敦的雾

英国首都伦敦的雾,在20世纪50年代是全世界有名的。尤其在秋、冬两季,一连几天大雾不散,浓雾时分,几步以外就看不见东西,影响交通和工农业生产。伦敦附近工厂特别多,空气中含有大量的烟灰微粒,有利于雾点的凝结,因此雾特别大,空气污染十分严重。1952年12月6日至8日的烟雾,连续四五天,曾使许多人感到胸口窒闷,4000多人由于呼吸道疾病而死亡。在这以后的2个月中,还陆续有8000人死亡,成为英国历史上最严重的一次"烟雾事件",引起了世界用煤国家的震惊。1962年冬,伦敦又发生了一次大雾,气象状况与1952年所发生的"烟雾事件"十分类似。由于减少了烟尘,因此呼吸道病致死的人数下降到80人左右。

雾并非一无是处,在第二次世界大战中,"大雾"曾为保护全城、消灭法西斯起到很大作用。

1940年7月底,德国法西斯妄图对英国发动空中攻势。德军

空战司令部错误地认为:伦敦的大雾可以限制英国飞机的升空起飞,突出于大雾之上的烟囱,正好可作为攻击的目标。但每次德国空军机群飞起,不是在途中遇到奇怪的“炸弹网”拦截,就是未能全都起飞就受到英国空军的猛烈攻击,几次偷袭都以失败告终。有一次,德国空军接到了伦敦大雾的气象报告后,立即起飞。但未到伦敦,机群之间就因被大雾之后的英国飞机打落下来,造成惨重伤亡,机群大部分葬身鱼腹。原来,德、英两国都处于西风带的控制之下,其天气变化形势是从西向东发展的,英国正好在德国西边,很容易预测出德国的天气变化情况,而德国却无法准确测出英国的天气情况,这样英国使利用测得的气象预报采取主动进攻。每当雾日,英国便利用雾幕做好了迎战准备,当雾区向东移动时,英机便尾随雾后拦击德机。有时则利用大雾作障目,在德机飞往英国航线的大雾笼罩区段,用飞机扔下大量由100米长的铁丝系在释落伞下的炸弹,成为航线上的“炸弹网”。因炸弹挂在百米长的铁丝下,又有大雾保护,使飞机很难被发现。这种炸弹曾使德国飞行员闻之丧胆。因炸弹总是和大雾相伴而来,所以曾被称为“奇怪的雾弹”。

从50年代至今,英国政府制订了《清洁空气法》和《制碱等工厂法》,1967年又发布了高烟囱通告。政府检查机构还派设检查员直接到工厂进行监督,使在此法令管辖下的1620多个工厂、2750多种生产工艺都得到了改进,伦敦的烟雾状况一天比一天好起来了。

英国的白金汉宫

白金汉宫是英国王室生活和工作的地方,坐落在西伦敦的中心地区。这是一座由四栋三层高的主体大楼组成的“口”字形建筑群，周围还有一些附属建筑。因最早这里的建筑是白金汉宫爵于1703年所建，故得此名。后来经重建，1837年，维多利亚女王接替王位后，白金汉宫就正式成为王宫。以后英国历代君王均住此处。其间，这里又按意大利风格，陆续加以改建，所以成为当时规模最大的建筑群。宫内设有宴会厅、音乐厅、画廊、图书室、皇家集邮室等六百多个厅室，收藏着许多绘画和家具，大多是乔治四世时期的作品和工艺品。1856年又增建了大跳舞厅。宫殿的西部和西南部都是一块宽阔的园地。秀丽的御花园，却从未开放供人参观。但女王的美术陈列馆经常举行展览会任人游览参观。

目前，英国女王伊丽莎白二世与菲力普亲王住在宫里，其实女王只在秋季住在这里，但无论女王住在哪里，哪里都要升起她的王旗。

每年夏天，女王还在御花园内举行三次招待会，招待各界代表知名人士及其各国驻伦敦的外交官。宫中一切礼仪是从维多利亚女王时期沿袭下来的传统，每天早晨女王早餐完毕时，由皇家笛子手在餐厅窗井吹风笛一刻钟。上午11时半，皇家卫队在白金汉宫的前院进行换岗仪式，王宫御林军的穿戴同过去一样，头戴齐眉的熊皮帽，身穿鲜红的制服，每日定时换岗。这种被保留了多少年的封建时代的换岗仪式，引起旅游者的很大兴趣，不少人喜欢同这些身穿红色制服、头戴熊皮帽子的宫廷警卫一起照相留念。外国元首到英国做国事访问时也在宫内下榻。

世界闻名的格林威治

在伦敦东南20多千米的泰晤士河畔，有一处著名的游览胜地——老格林威治天文台。天文台始建于1675年，由于科学仪

器增多，受环境影响，从1948年起，英国天文工作者迁到赫斯特蒙古堡新建的天文台办公后，这里便成为供国内外游人参观游玩的格林威治公园。世界著名的格林威治天文台旧址，就坐落在公园中央的高地上。

17世纪中叶，英国的资本主义有了相当的发展，并向海外进行扩张，为了适应日益发展的航海事业的需要，英王查理二世下令在这里建造天文台，为远航的船只提供星象资料。

1975年，格林威治皇家天文台落成，由约翰·弗拉姆斯蒂德任台长。同年9月19日，弗拉姆斯蒂德在这里进行第一次天文观测。天文台隶属海军部，但台长要由首相任命，并授予"皇家天文馆"的头衔。

公园小径左侧有一座典雅的庭院。庭院的大门右边一墙壁上，镶着一个银盘似的大钟，这是一座电动标准钟，周围以罗马数字表示24小时，表盘上走动着时针与分针，左上方有表示秒针的小圆盘。钟旁写着：它是显示24小时的钟表，是国际标准时间（格林威治时间），地处海拔154.70英尺。

庭院内，最引人注目的是地面上一条笔直的线。它就是世界闻名的本初子午线，表示把地球分成东、西两半球。它位于经度0°0′0″，向东为东经，向西为西经。参观的人总是喜欢跨在这条线上，一脚踏着东半球，一脚踏着西半球，摄影留念。

本初子午线的一头伸到一座古老的二层楼房墙脚。墙上镶嵌着一块铜牌，牌中央也刻着一条线，上面书写着："世界本初子午线，北纬51°28′38″2经度0°0′0″。"

1884年华盛顿召开有关时区问题的国际会议时，不少国家采用了格林威治时间。据统计，当时世界上72%的航海船只，以及北美洲的火车运行，都使用了格林威治时间。因此，那次会议决定，格林威治时间为国际标准时间。

第二次世界大战后，由于伦敦市区灯光强度增加，加上空气浑浊，天文台的工作受到影响，1948年起，格林威治天文台的设备陆续迁移到伦敦东南部苏塞克斯郡的赫斯特蒙苏堡。这项工作花了10年时间，于1968年完成。1960年，格林威治天文台旧址改为国家航海博物馆天文站，并命名为弗拉姆斯蒂德大楼，以纪念第一任台长约翰·弗拉姆斯蒂德。

魔鬼酒——香槟

香槟酒也叫葡萄酒，含有二氧化碳。香槟酒的出现，说来很有趣。早在2000多年前，法国巴黎以东100多千米的香槟地区，就开始种葡萄和酿造一种又酸又涩的“灰葡萄酒”。1668年，香槟地区的奥维利修道院的僧侣舟·佩里农把各种“灰葡萄酒”互相掺拌，并把装着杂酒的瓶子用软木塞密封后放进了酒窖。春天拿出来时，他发现瓶中酒色清澈、明亮、诱人，一摇动，瓶塞竟被酒中强烈的气体冲开，酒也喷射而出，而且香味扑鼻。人们争相晶尝，味美极了，于是奔走相告，称之为“魔鬼酒”。到了1743年，一个叫克洛德·莫埃的人，依据世代酒农的经验，酿制了葡萄汽酒。此时才正式依地名把它命名为“香槟酒”。

香槟酒的种类很多，大致可分为三种：大香槟、中香槟、小香槟。区分标准是酒瓶内气压的大小。瓶内压力达到4.5~5个大气压时，称为大香槟；瓶内大气压在4~4.5时为中香槟；瓶内大气压在4以下时则称为小香槟。香槟酒还可以按糖分多少，分为干香槟酒、半干香槟酒和甜香槟酒。

法国国会在1927年颁布专门法令，规定只有用香槟地区特别划定的3.4万公顷土地上生产的葡萄，并用当地特殊方法酿制的

葡萄汽酒，才能叫“香槟酒”。但现在含义有所扩大，常把某些汽酒也称为“香槟”，并在前面冠以原料名，如我国的玫瑰香槟、桂园香槟、鲜橙香槟等等。

香槟酒，含酒精度为14%。质量上乘的香槟酒，入杯后会不停地冒出气泡，好的可冒两小时。

法国历来是香槟酒大国，法国香槟一直称霸欧洲。但是自从1982年起，西班牙的香槟销售量超过了法国，成为香槟的新霸主。西方市场，瞬息万变，今后如何，尚难预测。

巴黎人的骄傲——埃菲尔铁塔

在塞纳河畔的玛尔斯战神广场上，巍然屹立着巴黎市最为壮观的建筑物——埃菲尔铁塔，它是巴黎人的骄傲。

埃菲尔铁塔是由法国著名的铁路大桥设计师居斯塔夫·艾菲尔设计的。他运用建桥的原理和技巧，大胆构思，铁塔设计巧妙，以4个拱门支撑垂直的搭身，用十字交叉架固定高大宏伟的塔架，无论是从力学或从艺术的角度上，都可以说尽善尽美，是一个杰作。

埃菲尔铁塔于1887年1月28日破土动工，于1889年5月6日，在第二届世界博览会举行典礼时，正式落成。为纪念这座代表建筑杰作的设计人工——埃菲尔，用以他的名字命名。

埃菲尔铁塔高320米，重达7000吨，由1.2万多个金属部件和250万个铆钉组成，耗资7799401法郎。它有下、中、上三个瞭望台，可同时容纳一万人。从地面算起，第一层高57米，第二层高115米，第三层高276米，再往上建造了一个26米高的小楼，在小楼顶上又竖立了一根20米高的电视发送天线，因此现在这座铁塔的整个高度为320米。有一架电梯可以从地面直达塔顶,此外,还有一条供徒步攀登的1700多级铁梯,曲折盘旋,也可到达塔顶。

有人对埃菲尔铁塔做过计算:如果把建造铁塔的金属熔铸成同塔基座一样大的铁桥,厚度仅有9厘米,塔基所承受的压力与一个中等身材的人坐在一张普通木椅子上所产生的压力相当,约每平方厘米4千克。在最大风方的天气里,塔尖最大摆动值仅有12厘米,由于热胀冷缩,铁塔的高度可伸缩15厘米。塔顶沿着太阳照射轨道呈现半圆形移动15~20厘米,在傍晚时,它又回复原状。

巴黎市政府于1981年起对铁塔进行了大整修,使塔重减轻了1000吨,改造了升降梯,调整了餐厅布局,完善了安全措施。对铁塔的照明系统做了进一步改进,拆除了1958年装在铁塔钢架外部的全部水银灯,将292盏钠灯巧妙地装饰在铁塔的钢架内部。从1986年元旦起,每当夜幕降临,这292盏钠灯便大放光彩,金黄色的灯光使已有近百年历史的埃菲尔铁塔愈发显得富丽堂皇,宛如灿烂的银河降落到了人间。埃菲尔铁塔换上新颜后,更加吸引游客,让他们一级一级地登上塔顶,一睹巴黎"不夜城"的迷人景色。

冰与火之国

说起冰岛,人们以为它一定终年酷寒。加之冰岛靠近北极圈,毫无疑问,冰岛一定千里冰封,万里雪飘。其实不然,由于受北大西洋暖流的影响,冰岛夏天凉爽,冬天温暖。如冰岛北部的阿库雷里市,一年四季树木葱绿,它从世界其他地方引种来2000多种树木花草,成为著名的北极圈旁的花园城市。

冰岛人民称自己的国家是"冰与火之国"。因为冰岛不仅有大小不同的冰原和冰川,又有众多的火山。冰原和冰川大多分布在中部和南部地区,全国面积的1/8为冰川覆盖。

冰岛地处火山带，拥有2500多座火山，其中至少有30座是活火山，每隔5年就有一次火山爆发。所以，冰岛的地热资源十分丰富，有数以千计的温泉和热水喷泉。最著名的"嘉锡"喷泉，热水冒一二百米高，水温达到75℃左右。热腾腾的温泉水，为缺乏燃料资源的冰岛提供了丰富的热源。

冰岛首都雷克雅未克的名字是很别致的，在冰岛语言中，意思是"冒烟的城市"。据说，在古代，人们看到这里有一团不散的烟雾。经考察，才发现这里有很多地热温泉，人们把温泉里蒸腾的水汽误认为烟雾。如果说，当初人们把它叫作"冒烟的城市"是误会的话，那么今天这个名字就更不恰当了。由于大自然的恩赐，雷克雅未克从1928年就建起了地热供热系统，现在，全市10个区，共铺设热水管道300多千米，建立了10个热水站。抽水、输水系统全部实现了自动化。全市利用地热向居民供热水和暖气，成本只有用石油作燃料的1/3，每年可以节约几十万冰岛克朗。目前，地热不仅广泛应用于家庭，而且成了工业生产的能源。人们在雷克雅未克既看不到其他城市常见的锅炉，也看不到烟囱，天空蔚蓝明净，自然环境几乎无污染，整个城市显得十分干净。几乎到过这里的人都说，现在应该把它叫作"无烟的城市"。

现在，冰岛在温泉区建立了许多温室，不仅培植黄瓜、西红柿等蔬菜，而且培植温带花木和热带香蕉，满足居民的需要。

湖国绿金

芬兰的总面积有1/4位于北极圈内。它的中心地区所处的位置，要比其他许多国家偏北得多。芬兰北部的奥鲁，离北极圈只差1°。夏至这一天，午夜12点，太阳才依依不舍地钻到地平线以下，西北方向上又洒满了殷红的彩霞。

芬兰人把每年白昼最长、黑昼最短的时节叫作“仲夏节”，提起仲夏节，不禁想起郭沫若同志描绘芬兰自然景色的一首诗：

信是千湖国，港湾分外多。
森林疑岭立，岛屿似星罗。
中夏逢佳节，和平发浩歌。
良宵真不夜，舞影看婆娑。

每逢仲夏佳节，芬兰人一家老小都要穿上节日盛装，远足到海滨湖畔，围坐在桦树枝燃起的篝火旁，欢度节日之夜。午夜将近暮色欲临之际，无数篝火点燃，像是满天星斗忽然落到芬兰大地上，火光水色，舞姿婆娑，通宵达旦，洋溢着节日的欢乐。

芬兰有“千湖之国”的美誉，共有湖泊55000多个。在芬兰，森林被称为绿色的金子。芬兰人自己说：“要是没有森林，我们的农民和国家都活不了”。的确，森林是芬兰最重要的资源，据统计，每个芬兰人平均拥有5公顷，即75亩林地。在芬兰，至今还有一些传统形式的农舍，不仅房屋建筑是纯木结构的，而且室内陈设大多是用木头做的。芬兰的工业化过程，在很大程度上是发端于以工业手段对森林资源进行大规模开采和利用，有人说，芬兰是以森林起家的，看来这种说法并不夸张。

合金钢之都——斯德哥尔摩

斯德哥尔摩是一座水上城市。它东面濒临波罗的海，西面是百里汪洋的梅拉伦湖，湖水向东分成几支流过市区，注入波罗的海。全市由大小14个岛屿和一个半岛组成，几十座桥梁把它们连成一个整体。在密如蛛网的河道里，快艇、风帆穿梭来往，海面上白鸥盘旋翱翔，衬映着碧海蓝天和岛上的青松白桦，景色十分美

丽。有人认为斯德哥尔摩可以和名扬世界的意大利水城威尼斯相媲美,因而把它叫作“北方威尼斯”。

斯德哥尔摩的最高点在市政厅。那是一座由合金钢、青铜、大理石、玻璃、金色的砖、粗削的石块构成的大厦;塔楼高达37.6米,顶端是灯塔,三顶象征瑞典的王冠金光万道,人们可乘电梯登顶观览全城。大厦内的金色大厅为诺贝尔奖金颁发处,那是世界科学家所追求的“宝塔尖”。

瑞典18世纪的铁产量占世界的1/3,目前是欧洲第三大铁矿生产国。瑞典人利用丰富的铁矿和水力资源,从事金属的精加工,发明了提炼特殊钢的方法,如钢包梢炼法、水蒸汽代替氩气精炼法、雾化静压成型法,炼出了性能各异的合金钢、特种钢,将普通钢铁的价格提高了好几倍。它每年所产470多万吨钢铁中,特种钢占1/3,利用特种钢制造出世界第一流的滚珠轴承、阀门弹簧、刮脸刀片、水轮发电机、船用发电机、大型油轮、越野汽车,使穷小国变成发达的工业国。

绿化最好的华沙

位于维斯瓦河畔的波兰首都华沙,在第二次世界大战中,惨遭战火的浩劫,全市85%的建筑被毁。战后,波兰政府发出号召,“华沙的建筑设计要以机体,人和大自然,能够互不损害的共处为原则,把华沙建设成为绿色城市”。波兰人民决心复兴祖国首都,使维斯瓦河上的“明珠”重放光彩,40年来,他们在华沙建造有64座公园,绿化了12600公顷土地,平均每人占有了8平方米的绿地,成为世界上绿化最好的首都。全市有果林2700公顷。郊区还建有6.6万公顷的森林和防护林带。市内所有的道路都是绿树成荫。树下是绿油油的草坪，街道两旁设有活动花盆车，家家户户鲜花怒放，远远望去犹如一座座空中花园。

在这到处繁花似锦、绿草如茵的花园城市中，见不到“请勿摘花”或“禁止践踏草坪”之类的牌子。可见，华沙公民都有爱护花木的好习惯。

陆地上的“百慕大三角”

波兰发现了一处陆地“百慕大二角”——华沙附近的一个三角形的公路中心。那里发生的车祸简直无法统计。发生车祸时，常常是风和日丽，视野广阔。失事的司机又并非酒后开车，但车一开到这里，不少司机便感到全身乏力，心神不安，头疼脑胀，失去自制能力。

经过探测发现，司机是受到了“地下水脉”辐射的影响。经过深挖果然发现了重叠交叉的地下河流所组成的流水网。其辐射能量是宇宙射线能量的好几倍。

有趣的是，一些树木如枫树、榛树、柳树、常青藤等，在这里长得很快；另一些如杜鹃、棕榈、尤其是苹果树、杏树和樱桃树等，却枯萎、生斑，甚至不结果。猫、猫头鹰、蛇、蚂蚁在这里生活得很好，蜂蜜的产量比别处要高30%，但鹳不在这里筑巢繁殖，牲畜则不但不愿在此逗留，甚至对这儿割下的草也不感兴趣。

世界表都——伯尔尼

瑞士号称“世界钟表厂”，伯尔尼更被称为“表都”。在伯尔尼的大街上，有欧洲最古老的钟楼，钟楼从中世纪以来便是这个城市的标志。在它的方圆不算太大的市区内，开设有数以千计的钟表店，店里摆着各式各样的大钟小表。瑞士全国有近千家制造钟

表的工厂，小作坊还不计算在内。每年生产的钟表达4000万只，平均每个瑞士人可分到8只。所以说，给瑞士的首都一个“表都”的称呼，是恰如其分的。

瑞士号称“公园之国”，也是钟表之乡，瑞士的能工巧匠把花卉之类同钟表制造巧妙地结合起来，还创造了著名的“花钟”。

“花钟”是一种装置在风景区供人观赏而又完全体现时钟功能的特殊钟。它的机械结构在地下，地面上相应的面积内种植各种鲜花，组成钟面和12小时的标志。钟的时针和分针与普通钟表一样，在钟面上自行移动，不过长度远非其他大型时钟可比。

当组成钟面的鲜花盛开期过了以后，人们就改种另一种鲜花，使钟面形成新的图案。由于伯尔尼的气候温暖适宜，花卉长期吐芳，所以除严冬季节花木凋零、白雪覆盖大地外，这种“花钟”总是不断在改变钟面图案。

日内瓦

联合国在瑞士日内瓦设立“联合国日内瓦办事处”(或称联合国欧洲总部)，各成员国向办事处派出常驻代表处(通常由各国驻瑞士使馆兼任)。日内瓦驻有150多个联合国附属的专门咨询机构和其他国际组织，每年举行700多个国际会议，每天有十几个国际会议同时进行，需要有专门机构来领导、协调。这些机构的办公地点是“万国宫”。

万国宫继承“国际联盟”(简称国联)的遗产，位于日内瓦东北角，背靠阿尔卑斯山，濒临莱蒙湖，风景优美。包括阿里安纳的公园在内，总面积25万平方米。这里原是一个家族的私产，辟园舍，养孔雀，1919年国联成立时赠给国联，建筑了一座长365.76米的类似凡尔赛宫的国联大厦。这座大厦已翻修一新，内部设备加以现代化。由于机构增加，会议繁多，1973年建成比国联大厦大几倍的高层大楼，有50个出入门户，总建筑面积38万平方米。不久又在附近建成国际会议中心大厦。

现存的万国宫由五个建筑群组成，即中央的大会厅、北侧的新大厦、藏书70万册的图书馆、南侧的理事会厅、稍远处的国际会议中心。周围花木扶疏，孔雀悠闲徜徉。大会厅前面广场上那颗模拟地球旋转大钢球，是20年代国联时期的遗物。

大会厅共六层，有1800多个座位，每个代表团8座，可供120个代表团使用，另有可容800人的旁听席、记者席，翻译席。理事会厅专门举行中小型重要国际会议，如1954年的日内瓦会议、1955年的四国首脑会议、1958年的柏林问题会议、中东会议、塞浦路斯会议……都在这里举行。人们还记得1954年周恩来总理与杜勒斯对垒时的情景，周总理发表了被誉为“亚洲之声”的发言，使美帝国主义陷于孤立境地。每当周总理驱车到达会场时，聚集在万国宫前的人群总是爆发出阵阵掌声，高呼：“周恩来，周恩来！”

日内瓦人口34万，外国人占1/3，它紧临法国，每年进入游客1000万人，湖滨全是旅馆、公寓、别墅，旺季连地下人防工事也暂作旅馆，全市70%以上居民靠旅游和国际服务业为生。日内瓦通向外界公路80多条，除3条通国内外，其余都通向法国。由于住房紧张和昂贵，许多联合国职员住在法国，每天驱车来日内瓦上班。

世界快港——汉堡港

汉堡港位于易北河一个数千米宽的河汊的两岸。沿易北河往南,可以进入欧洲腹地;向北,可以驶入北海;顺着运河朝东北走,还可以抵达波罗的海。它已同世界各地1100个港口通航。此外,还有四通八达的铁路和公路网。目前,港口的年吞吐量在6000万吨以上。其中转口货物占了1/3之多。所以,它不仅是联邦德国"面向世界的门户",也是欧洲重要的货物集散地之一。

汉堡港已有700多年的历史,第二次世界大战期间,汉堡全市一半遭到了破坏,汉堡港更为严重,达到了80%。目前,港区总面积有87平方千米,港口共有大小码头63个,全长65千米,共有500个泊位,每年迎送船只1.8万艘之多,是联邦德国最大的港口。由于使用了现代化的装卸设备和管理方法,船只装卸快,泊港时间短,在国际航运界赢得了"快港"的美称。

汉堡港装卸的货物品种繁多,从易碎的鸡蛋、易烂的瓜果,到成百吨重的整机或大型机件,几乎无所不有。面对着这种复杂的情况,他们在管理上一方面借助计算机,另一方面是把全港分为若干个专业化作业区。例如,在瓜果区盖起了冷库;在原油和化工产品停业区建起了储藏罐……专业化的结果,不仅加快了装卸速度,更重要的是提高了服务质量,从而提高了港口竞争能力。

汉堡港还有一条经验是把握国际航运业的发展趋势,及时地为开发港口投资。例如,1917年,汉堡港装卸的集装箱只有12万只标准箱,1980年已猛增到78万只,目前已超过100万只。有9个专门供集装箱用的总面积近18万平方米的库房。正因为当时的预见,汉堡港成了目前世界上最大的集装箱港之一。

绿都波恩

1949年成为联邦德国首都的波恩，是一座具有2000多年历史的文化古城，乐圣贝多芬的故乡，也是举世闻名的大学城。

141平方千米的波恩，有3/4是森林和绿地、田野，莱茵河从南到北贯穿波恩市。市内有大小公园1200个，占地4%公顷。那里有联邦德国最大的“莱菌滨草公园”，占地160公顷，园内种植了数万株各种花卉。其中玫瑰花就有50多种。全市周围有4000公顷的森林，市民人均公园绿地16平方米，森林140平方米，被誉为“绿都”。

波恩市民家家养花，他们犹如生活在花海之中，每年举行一次花展的传统节日后，就要在展览地建造一座花园作为纪念。著名的“莱茵滨草公园”，就是1970年第15届花展时建造的。平日里，市民们常自发地举行家庭花展，给邻居们观赏、评比，交流绿化经验。

联邦德国政府重视首都的环境建设。市内没有产生污染的工厂，只有啤酒、印刷和2000家手工业工厂。

漫步在波恩街头，空气新鲜，典雅迷人。联邦德国人民常诙谐地称自己的首都是“宁静而俊美的乡村小镇”。

神奇的贝加尔湖

贝加尔湖在我国古书上称为“北海”。它位于西伯利亚中部心脏地区，在高山峻岭之间。贝加尔湖长636千米，面积达3万多平方千米。四周有大小360条河流和山溪注入湖内。湖水从其宽

阔的石子河床上又沿安加拉河流出。

贝加尔湖是世界上最深的湖泊。很多地方超过1000米。50年代末期，苏联科学院贝加尔湖站的科学家在离奥利洪岛以东1.5~3千米的地方，测得其深度为1940米，这个纪录刷新了以前人们认为该湖最大深度为1741米的纪录。科学家考证后证明，它是一条深达1940米、长达50多千米，宽度不到1千米的裂隙。贝加尔湖能储存92个亚速海的水。这个蓄水量超过波罗的海。如果贝加尔湖从现在起堵塞所有300多条进水河道，单靠安加拉河排水，需要花费整整400年时间才能完全排干它的蓄水。这个水量，相当于全世界大小河流200多天的流量。

贝加尔湖有许多问题找不到答案，仍然是揭不开谜底的谜。例如，贝加尔湖的湖水一点也不咸，也就是说，它从来没有和海相通，但这里却生活着地地道道的海洋动物：海豹、海螺、海鱼和龙虾。不管在什么湖里，也找不到像贝加尔湖里所见到的那种有1米多高的海绵。海绵在湖底长成浓密的“丛林”。数不清的外形奇特的“贝加尔龙虾”就躲在密密的“丛林”里生长繁衍。著名的“贝加尔沙鱼”是一种玫瑰色半透明的小鱼。它没有鱼鳞，不产卵，而直接由大沙鱼胎生。产后母鱼也就死了。这种沙鱼仅仅产在贝加尔湖，世界上任何江河海湖都寻觅不到它的影子。珍贵的贝加尔海豹也是栖息在湖中的一种哺乳动物。

贝加尔湖一直被科学家们研究着、探索着。为了更快地揭开贝加尔湖的奥秘，科学家们已经用10多国文字，在20多个国家出版了2500多部有关著作。随着科学的发展，贝加尔湖的谜一定会揭开。

新西伯利亚科学城

20世纪50年代末期，苏联为了开发西伯利亚的天然气等自然资源和实现工业布局的东移，决定在西伯利亚郊外25千米处，兴建新西伯利亚科学城。该城用地约有1370公顷，分为科研区、生活区、市政仓库区、森林区和卫生防护带。1957年5月动工建设，1964年基本完成第一期工程，现已成为苏联科学院西伯利亚分院所在地和全苏联最大的科学中心。

新西伯利亚科学城按照基础理论研究、应用研究、设计与生产过程协调发展的原则，同时设置科学机构、高等院校、实验工厂和制造厂。有核物理、数学、地质地球物理、细胞遗传学、自动化技术电测学、生物医学等21个研究所，还有1个计算机中心、1所综合大学、1个实验场和1个生物实验室。科学城有居民7万人，科研人员2.3万人。

新西伯利亚科学城的开发，是在中央集中计划体制下，以全国人口分布总体规划和生产力布局规划为指导，在区域规划基础上，严格按照城市总体规划-详细规划-设计方案-施工图-施工组织计划的基建程序进行。在施工中按先地下后地上的原则，先铺综合管道线，干线街道，铁路专用线。住宅按小区建筑，托儿所、幼儿园、学校、商店及服务设施与住宅同步设计和建设。

新西伯利亚科学城的成功开发，为苏联开发科技新城积累了经验和提供了模式。

奇异的北极城——摩尔曼斯克

世界上最北的城市，是苏联的摩尔曼斯克。它位于北纬68°56′的北极圈内。这里一年中有一个半月的“漫长的黑夜”，终日不见太阳。相反，又有两个月的“终日白昼”，太阳24小时当空挂。在这奇异的大自然中，40万市民过着富有极地特色的生活。摩尔

曼斯克一年中能看到太阳的最后一天是12月2日，从这一天起，直至新年后的1月13日前后，太阳一直沉浸在地平线下，漫长的黑夜笼罩着一切。

虽说是“漫长的黑夜”，也并非人们想象的那样伸手不见五指。清晨，五光十色的霓虹灯和路灯把“黑夜”照得通明，大街上人来车往，川流不息。10点钟左右，天空逐渐变白。到11点钟，就亮得可以阅读报纸。这时，倘若登高远眺，这座被冰雪包围的城市就会尽收眼底。黑色的峡湾宛如一条长蛇，蜿蜒穿过市内，伸向远方。由于墨西哥湾暖流流经于此，所以即使在气温低达到20℃的冬天，峡湾也不结冰。摩尔曼斯克之所以发展成一个繁荣的城市，其主要原因就是拥有这一天然的不冻港。

下午2时许，在天空只停留几小时的白光消尽，夜幕降临，摩尔曼斯克就又进入冗长的夜乡。

夜晚，摩尔曼斯克是寂静的，唯有无数繁星在那漆黑的夜空闪闪发光。平常人们借以辨别方向的北极星，在这里已名不副实，它几乎垂直地悬挂在人们的头顶上方。

在长达八九个月的冬天里，人们充分利用这里得天独厚的自然环境，尽情地滑雪、滑冰、打冰球，还可以打破坚冰垂钓。

1月18日前后，太阳终于露出笑容。这一天，人们聚集在宜于观望景致的地方观看日出。正午前分，只有很短的瞬间能够看到太阳，然后它又马上消逝。从这一天起，太阳在“天空停留的时间”就一天天地长起来。当地市民都习惯地把这一天称为“太阳日”。

3月的最后一个星期天是“北极节”。这一天举行以土著居民萨米族人(他们以驯鹿为业)为中心的赛鹿、驯鹿、雪撬比赛和由一半市民参加的长距离滑雪比赛，以此来向漫长的冬天告别。

冰雪中的白熊

白熊喜寒，生活在冰原带。白熊体重力大，索有“大力士”之称，它是陆地上最大的食肉兽，一只成年白熊体重约达700多千克，力大无比，一巴掌能把体重350千克的海豹打昏。

母熊多半生双胞胎，刚出世的幼仔浑身不长毛，个子只有兔子大，既聋又瞎，完全依靠母熊喂养抚育。20个月以后的小白熊，便可以跟着母熊外出学习猎食的本领了。

白熊性情较温和，你不犯它，它不犯你，如果惹怒了这个庞然大物，后果不堪设想，置人于死地的事时有发生。当地居民尽量采取敬而远之的态度。这样，当白熊饿急了的时候，最多光临一下居民的厨房，翻箱倒柜找点好吃的。遇到这种情况，主人一般采取敲打器皿或放鞭炮的办法把它赶走，否则，只好任其糟蹋，不敢有半点“得罪”或“失礼”之处。

白熊也很聪明，懂得隐蔽和伪装自己。它生长在冰天雪地里，浑身的皮毛和冰雪一样洁白。每当它远远发现有敌情，便卧在雪中，用双爪将黑鼻子捂住，把庞大的身躯混在白茫茫的冰雪世界中，远远望去，映入眼帘的只是一片白雪。白熊奔跑很快，时速可达60其千米。游泳是白熊的拿手好戏，常常能游到距海岸数百千米之外的地方嬉戏、觅食。

非 洲

世界驰名的大瀑布

世界驰名的莫西奥图尼亚大瀑布，位于赞比亚南方利文斯敦市以南约10千米的赞比西河上。赞比西河流至中游遇到断层，河水就形成高达122米、宽达1800米、从高处奔流而下的大瀑布。悬流下泻时激起的浪花水雾上升达几百米高，有似柱状烟云，景色雄伟，60千米以外就能听到它雷鸣般的响声。阳光照着飞溅的水花，映出美丽的彩虹，瑰丽奇景，叹为观止。过去，英国人利文斯敦看到大瀑布这幅巧夺天工的奇景，给它加上了当时英国女王维多利亚的名字，被称为“维多利亚大瀑布”。经过长期斗争，赞比亚终于获得了独立，瀑布也恢复了原来美丽动听的名字，“莫西奥图尼亚”在当地居民的语言中就是“水烟”的意思。该瀑布是世界闻名的大瀑布之一，平均每秒钟要倾泻356万升流水。

赞比西河上，共有瀑布72道，水力资源十分丰富，据估计，莫西奥图尼亚大瀑布所能发出的电力就可供非洲赤道以南大片地区的需要。

卢旺达的笑树

在卢旺达的首都基加利一带，生长着一种会“笑”的树，它能像人一样发出“哈、哈”的笑声。不明底细的人走到树下，说不定会吓一跳呢！

笑树的每一个树杈上都长着一个悬挂着的硬皮坚果，其形状颇像铃铛。坚果内有不少成熟的种子，长得像圆圆的小滚珠。

由于这些坚果的外壳又薄又脆，所以当坚果迎风摆动时，种子在里面摇来晃去，碰撞着那些外壳便会发生“哈哈”的笑声，而且风越大，笑声就越高，真像碰上什么高兴事似的。

马达加斯加的指南树

在非洲东部海中的马达加斯加岛上，生长着一种可以代替罗盘的指南树，这种奇特的树原名为“烛台树”，通常高达25英尺，十分引人注目。奇怪的是，在它颀长的树干上长着一排排细小的针叶，而且这种树无论是长在河谷、平原上还是高山上，它那细小和排列整齐的针叶永远都像罗盘针似的指向南极，所以人们称它为“指南树”。

当地居民非常珍爱“指南树”，外出砍柴或伐木时碰见它，总要精心保护。“指南树”为当地居民提供了方便，就连那些在森林中跑来跑去的孩子们，在它的帮助下，也绝不会迷失方向。

非洲的照明树

非洲有一种怪树，俗称“妖魔树”。白天看上去和普通的树没有两样，然而一到夜晚便“大显神通”，从树干到树枝都发出明亮的光，把四周照得雪亮，远远望去，犹如“火树银花”。夜间，人们在树下可以看书读报，甚至可以做精细的针线活。

妖魔树的奇特本领引起了不少科学家的极大兴趣。经过认真的研究，人们发现，妖魔树的树皮里含有大量的磷，也许这就是该树发光的原因。然而，这么多的磷是从哪里来的呢?它们又怎样穿透树皮而把周围照亮呢?这仍旧是个有待进一步研究的谜。

利维村里的洗衣树

阿尔及利亚温纳德的利维村里，长着一种低矮的红颜色的树，村民们管它叫“普当”，意即“除去污浊的树”，因此人们称“洗衣树”。

洗衣树植株不高，树干笔直、粗壮，叶皮平滑无皱，但生有许许多多的小孔，从小孔里不时会渗出一种黄色的液汁。倘若将这种奇妙的树液涂到肮脏的衣物上，衣物上的油污就会迅速除掉，其去污能力绝不亚于肥皂或合成洗涤剂。

当地村民们洗起衣服来十分简单、方便。他们只需要把脏衣污裤用绳子捆在树干上，过几个小时后取下来，再用清水漂洗一下，就会变得干干净净的了。

坦噶尼喀的硫酸树

1967年5月19日，著名的植物学家班尼、卡布斯等一行，在非洲坦噶尼喀的原始丛林中探险并采集标本。忽然，他们发现一种从未见过的小树。这种树高约4尺，长着又圆又大的叶子，叶子上端还开着黄色和绿色的花。班尼教授好奇地走到跟前，伸出右手去采摘其中的一朵。谁知手刚刚碰上去，就听到"砰"的一声响，那朵花便落到地上。随即从叶子里滋出一股奇怪的液体，洒在班尼教授的身上。"痛死了！"班尼教授失声叫了起来。原来，班尼教授的手和脸都被那种液体灼伤了，一直过了好久，伤都没有痊愈。

后来，探险队员们穿上橡胶做成的防护服，蒙上厚厚的面罩，挥刀把那十几棵怪树砍倒了。他们小心翼翼地收集了它的一些奇怪的液体，经过认真的化学分析，断定那是浓度很高的硫酸水。但是，他们却不清楚，这种怪树是怎样合成浓硫酸的?对于这个问题，至今还没有人能够解答。

安哥拉的灭火树

在非洲安哥拉西部，有一种不但不怕火烧，而且能灭火的树。它树躯高大，树叶浓密，拖地达七八尺。叶丛中有许多馒头大的圆球节包，里面充满着有四氯化碳的液体。在它附近一旦有火，节包便自动地喷射出液体灭火。

马达加斯加岛的旅人蕉

马达加斯加岛上生长着一种特有的旅人蕉，通常高达10米左右，其树干像椰子树，而叶子却像张开的蒲扇，十分美观。它是热带庭园中难得的一种观赏植物，但在马达加斯加却到处可见。

旅人蕉有一项独特的本领，那就是，在它粗大的叶柄与树干相连结的地方，总要储存很多清水。当行人走到荒僻之处，一时口渴而又找不到洁净的清水时，就可以随时在旅人蕉的叶柄上钻一个洞，饱饮那汩汩流出的清水。这清凉爽口的“饮料”给旅途上的人们提供了很大的帮助。

坦桑尼亚的酒竹

在非洲坦桑尼亚的蒙古拉大森林中，生长着一种奇特的小青竹——酒竹。它能随时流出醇厚芳誉的美酒，令人惊叹不已。

当地人想喝竹酒时，只要把这种竹子的竹尖削掉，再插进事先准备好的酒瓶就行了。到第二天早上，瓶子里便装满了乳白色的竹酒。这种竹酒含酒精30度左右，味道纯正，清香可口，又有解暑清心、消烦止渴和强身健胃的功效，确是酒中不可多得的佳品。当地人十分喜爱这种酒，并常常把这种别具风味的美酒摆上款待挚友亲朋的宴席，让大家共品佳酿。

奇特的非洲灌木果

20世纪中几次罕见的非洲大旱期间，有近2亿人受到了饥饿的威胁，于是许多饥不择食的人便开始摘一种叫灌木果的黑色果实充饥。

吃了这种果实的人，有许多奇特的反应，有的看任何东西都感到颜色鲜艳，形状奇特；有的马上进入梦境，好事坏事都在梦中反复出现；有的觉得头昏眼花，仿佛有许多三四岁的顽童对着自己舞枪弄棒，转眼间又变成了三四层楼高的巨人，一下子倒下来压在自己身上；有的则看到成群的虎豹张牙舞爪迎面扑来，自己的手足顷刻离体而去……凡此种种，不一而足。

原来这种灌木果含有大量的致幻物质，是世界上不多见的植物果之一。这种果实能加工成麻醉剂。有些牙痛患者常抿上一小口镇痛。还有些服用了灌木果的人，会在失神状态下讲出自己的心事和经历过的往事。用致幻剂拌过的食物，猫吃了以后，见到老鼠会发抖；而老鼠吃了便目中无人；狮子吃了会狂笑；大象吃了会痛哭，因此人们把它叫作奇特的非洲灌木果。

壮观的羚羊迁徙

世界上最壮观的动物迁徙要数东非高原上的数10万只野生羚羊的一年一度的长途“行军”。

羚羊属哺乳动物，种类繁多，四肢细长，蹄小而尖，头上带角，体态轻匀，动作敏捷，是世界上跑得最快的动物之一。东非高原地域辽阔、牧草茂盛，是世界上野生羚羊群居的地方。

正如人们常见的那样，大雁每年春分后飞往北方，秋分后飞回南方那样。东非高原上的野生羚羊为了寻求理想的生活环境，每年7月，它们从坦桑尼亚北部的塞伦格提高原出发，经过160多千米的长途跋涉，进入肯尼亚南部的马赛——马拉野生动物保护区；11月，它们又重新集聚，返回塞伦格提高原。这些羚羊由于数量庞大，迁徙时要排成长10多千米，宽数千米的队伍，其势浩浩荡荡。它们在带头羊的率领下，前进途中有条不紊、秩序井然，如同一支纪律严明的大部队。羚羊们在迁徙中还表现出强烈的团结互助精神。公羊担任保卫工作，它们行进在队伍的首尾和两侧，紧挨公羊前进的是母羊，走在队伍最中间的是幼羊。羚羊的警觉性很高，遇有“敌人”侵袭，公羊便群起发出一种洪亮:奇怪的吼叫声，这种吼声可使任何凶猛的野兽听后惊得发呆而站在原地不动。当然，羚羊在迁徙中的受伤者或途中死亡者有时也会让狮子、豺狼、秃鹫等饱餐一顿。

更令人吃惊的是，羚羊的“行军”选择在夜间。当夜幕降临时，成群的羚羊便起程，它们开始慢慢走一段路，活动活动身体和四肢，然后开始奔跑。羚羊一越能跨10来米远，一跃能跳两三米高。“行军”中，它们没有戏闹、嘶叫，它们跳过土堆，越过草丛，刷刷地奔向前方。清晨，它们到达一个新的目的地后，利用上半天的时间吃草喝水，以弥补“行军”中带来的饥渴和为新的行程做准备；到了炎热的中午，它们就钻进荆棘的阴影下足足休息一个下午；到了夜间，便又开始了新的“行军”。

黑人耐热的奥秘

人类学家发现，黑种人的体质颇为特殊，因而他们有着积极抵御非洲酷热的“法宝”。

这种特殊的体质是:黑种人的手掌和脚掌的汗腺在每一单位面积中的数量比白、黄种人多;其次,皮肤中含有较多的黑色素,它能吸收阳光中的紫外线,从而保护皮肤内的血管和神经,使其免遭损害;再次,非洲黑人几乎都是头发卷曲,每卷头发周围留有很多空隙,当炽热的阳光向头顶辐射时,这种卷发恰似一顶凉帽;还有黑种人的嘴比任何人种要大些、宽些,嘴唇又特别厚,可以使口腔内吸进的热空气迅速地冷却下来。

当然,黑种人对炎热的气候在心理上具有一定的适应性,这种心理和体质特点是在长期热带环境中经过自然选择而逐渐形成的。

神秘的蓝种人和绿种人

世界上除了黄、白、棕、黑四大人种,还有蓝色人种和绿色人种。

探险人员曾在撒哈拉沙漠发现过肤色呈蓝色的奇怪人种。目睹此人种的人几乎不相信自己的眼睛,其中有些探险人员还说这也许是别的星球上来地球观光的游客。

生活在撒哈拉沙漠的这些蓝种人人数极少。他们总是尽量避免和其他人种碰头,就是探险人员也不易发现他们的踪影。偶然间被人们发现的蓝种人一经有人“看”着他们,立刻拔腿就跑。至于这些蓝种人吃的什么?他们的人数有多少?尚不得而知。

另据探险发现,在非洲西北部山区还有一种几乎过着原始生活的绿色人种。探险人员报告,这些绿色人总数不超过3000,几乎快要绝种了。他们过着穴居生活,真是被人们遗忘的一群。

这些绿种人不仅全身像树叶一般的绿，就是他们的血液也是呈绿色的。这个世界上为什么会有蓝种人和绿种人？目前还是一个谜。

爱迷路的河马

白天站在尼日尔河向河面上望去，时常可以发现十几个二十几个黑点聚在一起，那就是河马群了。原来，河马把它们庞大的身躯置于水中，只露出鼻孔和半个脑袋，远远望去就像个小黑点。

河马实行“一夫多妻”制，一群河马中，只有一个雄性。如果母河马生下“儿子”，它幼时随父母生活，一旦长到成年，就要同它的父亲决斗，强者留在群内充当家长，弱者则被咬死，或被驱逐群外。

河马夜间上岸吃草。但是，它的记性较差，爱迷路，迷了路就找不到它居住的大河，这对河马来说是最大的困难。因此，河马上岸吃草时，总是保持着头向大河，屁股对着岸上陆地的姿态，吃几口草，就抬起头看看河水。有时，青草过于肥美，个别的河马贪吃而忘了抬头看河，结果成了迷途的“羔羊”，在天亮时蹒跚地闯进了农民的村庄，叫人看了吓一大跳。

在马里，河马是受人喜爱的动物。人们甚至用它做了国家的名字，邦巴拉语中河马一词的发音就是马里。马里国家发行的硬币上也铸有河马的头像。传说马里帝国的开国君王有一次打了败仗，逃到河边。在前有大河后有追兵的危急时刻，一头河马游到岸边，君王坐在河马背上过了大河。后来他打了胜仗，建立了西非统一大帝国，为了纪念河马的功勋，就用河马的名字作为帝国的名字。

鸵鸟——世界上最大的鸟

鸵鸟是世界上现存鸟类中最大的一种鸟，成年雄性高达2.76米，体重约150千克。

鸵鸟虽然是鸟类世界中最大的鸟，但它早已退化的两个翅膀却小得可怜，只是起跑时展翅煽动，用来平衡身体加快奔跑速度，所以它是一种有翅而不会飞的鸟。然而它的双足强健有力，奔跑时达60多千米，可以和快马争魁。

鸵鸟遇到敌害时，首先疾走逃避，当它筋疲力尽，上天无路，入地无门之时，便“急中生智”，采取只顾脑袋而不顾屁股的安全措施，把头钻进沙堆里，用“眼不见，心不烦”的方法来度过险情。原来，“鸵鸟政策”这句成语，就是指不敢面对现实。

事实上，这是误解了鸵鸟。雄鸵鸟向雌鸵鸟求偶时，雄鸵鸟也把自己的头埋在沙里，先是雌鸟走近雄鸟身边，摇首弄姿一番，引起雄鸟注意。但紧接着却出现了雄鸟追逐雌鸟的景象。当雄鸟追及雌鸟时，雄鸟便在雌鸟面前把头埋入沙中，雌鸟便不再逃避，与雄鸟双双起舞。雄鸵鸟把头埋在沙里是为求偶，不是为了逃脱敌害。遇敌害时，鸵鸟藏首沙中何尝不是求和呢?

世界热都——喀土穆

苏丹的首都喀土穆是世界著名的热都。全年几乎天天万里无云，烈日当空，由于很少下雨，因此气候十分炎热。全年平均气温为33~34℃。夏天，室内气温常常在40℃以上，大大高于人的体温。4月、6月、8月为喀土穆的盛夏季节，中午时分，将一支温度

计插在室外阳光直射的沙堆上，几分钟后，可达70℃以上。若将生鸡蛋放在沙堆上，几分钟就能晒熟，就是在日落之后，大街上的柏油马路依然是软的。由于气温太高，办公室天花板上的电扇整天飞转也无济于事；上汽车前如果不戴手套就去拉汽车门上的金属把柄，顿时手就会被烫起泡来；人们外出，总要把身上穿得严严实实，脚上要穿几厘米厚底的鞋子，才能防止热浪的炙烤。

冬半年的“哈马丹风”尤为可怕，一根根100~700米高的沙柱狂号乱舞，横扫喀土穆。“土墙”自天而降，能见度降到10米以下，汽车白天开灯，沙粒把前进道路上的一切硬物打成“麻子”，随后掉下几滴脓汁似的雨水。这种“妖风”一年要发生24次之多，迫使城市停止一切活动。平时，喀土穆实行清晨到上午的连续上班制，避开下午的热浪，有的人熬不住就泡在尼罗河里。

苏丹人民为了避暑，在喀土穆市区街道两旁种植了很多榕树，这种榕树枝叶繁茂，从两旁伸向马路中间，把路上空连结起来，形成天然的“遮阳伞”，成为名副其实的林荫大道。这些树木，既征服了烈日的炎威，又调节了空气，而且使城市增添了秀丽的景色。由于日照时间长，气温高，植物在有水灌溉的条件下生长十分茂盛，所以喀土穆一年到头蔬菜供应充足，瓜果常年盈市。

繁忙的运河

苏伊士运河穿过埃及国土，界于亚、非两大陆之间，扼欧、亚、非三洲交通要冲，是从大西洋经地中海至红海、印度洋和太平洋航线的咽喉要道，被称为“世界航道的十字路口”。

苏伊士运河北自塞得港，南到陶菲克港，全长172.5千米，船舶以每小时14千米的速度航行，经过运河约为15小时。

苏伊士运河于1975年重新开放不久，便成了世界上最繁忙的一条水道。它不仅对促进埃及对外贸易、发展旅游事业提供了水上交通的便利，而且为活跃世界经济发挥了可喜的作用。据有关方面统计，自复航以来，平均每天过往的船只达60多艘，每天都有100多个国家和地区的轮船通过运河，埃及每天可得到400多万美元的运河通行费，每年可得近10亿美元的收入。现在，欧、亚两洲之间的海运货物的80%要经过苏伊士运河，全世界的油船运油吨数的1/2要经过苏伊士运河。

从1976年开始，埃及政府用5年时间进行一项投资达15亿美元的运河扩建工程，首先将原来的5000多米弯曲的河道截直，将河宽195米增加到365米，航道加深到16米，并重建了110千米的护岸。为了改善塞得港的拥挤状况，埃及在运河北端出口处挖了一条25千米长的分航道，并把塞得港水道延长5千米，北上的航船不用进入塞得港而沿运河航道直接驶进地中海。现在15万吨的巨轮可以顺利通过苏伊士运河。

由于胜利完成了苏伊士运河的扩建工程，运河通过能力提高35%。目前埃及政府和人民还在继续加深加宽运河，要让25万吨全载或30万吨船都能通过。届时，苏伊士运河将在国际航道上取得更加显著的战略意义和经济价值。

金字塔和狮身人面像

金字塔和狮身人面像是埃及古代著名的宏伟建筑，也是埃及的象征。目前，在埃及残存的金字塔有70余座。其中最高大的一座金字塔坐落在开罗以西几十千米处的古萨，名叫“胡夫”金字塔，它是古代埃及第四王朝的法老胡夫的陵墓。塔的高度原有

146.59米，经过近5000年的风沙侵蚀，现在高度只有137米。这座宏伟的建筑由230万块、每块重2.5吨的巨石堆砌而成。其中最大的一块石料约重16吨，而且建筑工艺水平相当高，石块之间不用任何粘合物。塔的核心部分——埋葬国王的墓石，四壁的石块加工细致，合缝严密。

金字塔前的巨大的狮身人面像，高20米，长57米，它的面部像人，身躯像狮子，两爪向前伸展，匍匐在沙地上，这就是在一块露出的岩石上雕琢的。当年，拿破仑侵入开罗，耀武扬威，不可一世。许多人拜倒在他的脚下，唯独它昂首高踞，面向东方，仿佛故意在向他挑战，惹得这位法军总统大为恼火，竟下令开枪打坏了它的鼻子。后来，一些外国游人又把它当作能够带来好运气的神物，千方百计地从它身上砸点石块带走，这样使它遭到遍体鳞伤的摧残。

金字塔和狮身人面像象征着古代埃及人民无比的创造力和极高的建筑艺术才能。

埃及的长绒棉

埃及于1920年从巴西移入海岛长绒棉以后，由于气候炎热干燥、多晴天，阳光充足，加上尼罗河水的灌溉和两岸肥沃的土壤，经过长期的选育和改进，生长出超过海岛棉的高级长绒棉，形成了一个新的品种——埃及棉。埃及长绒棉的纤维长度为33.4~40毫米，不仅棉絮细长，而且有光泽，横断面接近圆形，染色效果好，在国际上享有很高声誉。埃及的长绒棉不仅质量好，产量也很大，产量占世界长绒棉总产量的1/3以上，是世界上长绒棉产量最大的国家。

为了发展长绒棉的生产,政府大力兴修水利,使棉田处处渠道纵横,排灌设备齐全。埃及政府十分重视棉花的科学研究工作。埃及的吉萨棉花研究所就有科技人员近200人,其中有博士学位的就有近百人。此外,在埃及还建立了全国棉花学会、棉花图书馆、棉花博物馆等。

铝土之国

西非的几内亚,到处是一片呈棕红色的大地,就像一幅巨大的紫色地毯覆盖着整个几内亚。原来,几内亚以盛产铝土而闻名,有“铝土之国”的称誉。

据统计,目前世界上铝土总储藏量大约有200多亿吨。在几内亚,从沿海平原到内地高山,几乎处处蕴藏着丰富的铝土矿。勘探表明,在24万多平方千米的几内亚国土里埋藏的铝土约有120多亿吨,占全世界铝土储量的一半以上。一些矿业专家认为,这是“地质学上的奇迹”。

几内亚的铝土矿,不仅储量大,而且晶位高(即含氧化铝程度),一般高达50%~60%,有的甚至达到65%,是世界上少见的优质矿。不仅如此,而且开采十分方便,有的地方只要剥开一米多深的表土,即可采掘,矿层的厚度达26米左右,有的厚达60米。

铝土是炼铝原料。铝合金轻而坚韧,是重要的工业原料和战略物资,车辆、船舶、飞机、火箭的结构材料都离不开它。在几内亚人民生活中,铝制品更是举目便是,铝锅、铝盒、铝碗、铝勺以及铝壶、铝桶,不一而足,就连摩天高楼的外壳,房屋的门窗也都是采用铝制成。

1958年几内亚独立以前,由于缺乏开发资金和先进技术设

备，铝土年产量只有30多万吨。正如几内亚已故总统杜尔所说“几内亚是坐在无法打开的宝箱上过着贫困的生活。”独立以后，几内亚政府首先将矿山主权收归国有，同时引进和利用外国资金、设备和技术，实行多国合营或者技术合作来大规模开采铝土。目前，几内亚年产铝土1300万吨，年产氧化铝70万吨，铝在几内亚的国民经济中具有举足轻重的地位，几内亚每年出口铝土矿产品的外汇收入占全部外汇收入的95%。随着铝土矿开采的不断发展，几内亚的经济增长率也逐年上升。1980年，几内亚铝土出口大幅度增加，出口总值从1973年的6000万美元猛增到近5亿美元，每人平均国民生产总值从1973年的130美元上升到260美元。几内亚政府正在采取措施增加原有企业的生产力，积极筹划开发新矿区。铝土矿的进一步开发，必将加快几内亚经济发展的步伐。

奇特的“活树葬”

世界上的葬礼可谓五花八门，有天葬、火葬、水葬、棺葬等。而在扎伊尔境内，不仅盛产乌木、红木、檀木、花梨木等名贵木材，而且生长着一种粗大的樱杉树，当地人利用樱杉树举行奇特的“葬礼”。

这种奇特的“葬礼”与众不同，它是扎伊尔的吐买丁奈人的一种流行葬法。所谓“活树葬”，就是在人死后，选择一颗两人合抱的樱杉树，在树主干的中下部，剥下半边树皮，再挖一个比较大的树洞，然后把用布包裹好的尸体直立放到树洞里，再贴上树皮，并在树皮上刻好死人的名字作为墓碑。

由于这种樱杉树皮质坚硬，内材酥松，生长较快，不仅便于挖洞，而且很快就长合了。因此，“活树葬”的棺木不会因此而枯死，而且越长越结实，并把尸体固定在里面。在吐买丁奈人看来，树木总是不断生长的，将死人埋在活树里，这表示死人将和树木一样，永远保持活力，不泯于人间。

骆驼比人多的国家

索马里是一个以畜牧业为主的国家，全国有80%的人口从事畜牧业和半农半牧业。正常年景，国家70%的外汇收入来自活畜出口，畜牧业是索马里的经济支柱。1982年，全国平均每人拥有1.5头骆驼还多，是一个骆驼比人还多的国家。

索马里牧民特别喜爱骆驼。这是因为骆驼在索马里的社会经济生活中占特殊的地位。骆驼奶是牧民的主要食品，骆驼皮制成的凉鞋是索马里牧民最爱穿的鞋子，牧民们在迁移时靠骆驼运输。所以，在索马里看一个人财富的多少，主要看他拥有骆驼的多少和好坏。索马里人说：“只要家中养有几只骆驼，就会不愁吃来不愁喝。”

索马里人对骆驼十分虔诚，甚至带有迷信色彩。他们绝对不允许记者用照相机对着骆驼拍照。据说，这样会使骆驼死亡。在他们平常的言谈中，决不允许有任何亵渎骆驼之词。有些地方，还有给骆驼放血的风俗。人们在骆驼血管上割开一个小口，或直接吸吮血管或把血混在骆驼奶中喝。这是男士出征前的一种礼仪。

索马里为什么会有这么多骆驼呢?这与它的自然条件有关。因为索马里多沙漠和干旱草原，草木稀少。尤其是近来非洲出现连续干旱，使索马里许多牧场枯竭。水源越来越少，牛和羊适应

不了这种环境。而骆驼则不一样，一头骆驼一次吃饱喝足以后，可以连续几天，甚至十多天长途跋涉，不吃不喝。生物学家研究表明，骆驼能够耐旱的秘密是骆驼能随气温的变化而调节自身的体温，使它比其他哺乳动物排尿少，消耗水量少。在高温的情况下，大多数哺乳动物都是通过吸收大量的水而排尿、排汗来使自己的体温保持在37℃左右。而骆驼在炎热时，体温可以保持在41℃左右。气温升高，骆驼体温随之升高，而且常常比气温高几度，一到夜间，骆驼体温又自动降到同外界气温几乎相等的程度。这样骆驼很少出汗，排尿也很少，所以同其他动物相比，消耗的水量也就少得多。

光明美丽的山——乞力马扎罗山

乞力马扎罗山坐落在南纬3°4′赤道附近，海拔5895米，是非洲最高的山峰。由于它在东非高原上平地拔起，远在200千米之外，就能看到它的雄姿。

乞力马扎罗山的自然景观与周围的热带草原迥然不同，山麓香蕉遍野，咖啡满园，一片热带风光；而越过雪线的峰顶在太阳光照射下晶莹夺目，犹如戴上了一顶洁白的玉冠。因而乞力马扎罗山成为赤道骄阳下的一大奇观。

世代居住在乞力马扎罗山下的查戛人说，那是山神点燃的长命灯，无论是黑夜还是白天永不熄灭，美丽无比。因此，他们称乞力马扎罗山为“光明美丽的山”。

19世纪，欧洲的探险家一批批来到非洲，探察乞力马扎罗山的秘密，认为山顶白茫茫、光闪闪的是长年不化的积雪，消息传到欧洲，炎热的赤道线上有雪，使人感到不可思议。后来，探险家们在当地人的帮助下，爬上了峰巅，取了一团积雪，才使怀疑者哑口无言。

其实，这一奇特现象并不神秘，烈日当头，赤道地面气温可达40℃左右，但随地势升高，气温下降，海拔5000米左右即为雪线。乞力马扎罗山，主峰5800米以上，气温经常在-20~-30℃，寒风凛冽，大雪飞扬，积雪终年不化，冷凝成巨大的冰块。阳光射来，冰雪交映，形成一片白炽的光涛，如焊光闪电，耀眼夺目。

非洲第一大湖——维多利亚湖

海拔1100米的维多利亚湖是在东非高原的凹陷盆地的基础上形成的，面积近70000平方千米，是非洲第一大湖。东非三国肯尼亚、乌干达、坦桑尼亚与之为邻。

该湖据说是1858年英国探险家斯派克在寻觅尼罗河源头时发现的。于是，他就以英国女王的名字来命名该湖——维多利亚湖。而当地的非洲人自古就称它为"尼亚萨"，即大湖。

维多利亚湖不仅有许多优良的港湾，而且盛产鲈鱼、鲫鱼、鲤鱼、银鱼、湖虾等。更为奇特的是，维多利亚湖的湖石千姿百态，有的像雄狮，昂首藐视一切；有的如大象，风尘仆仆来到湖畔，探出长鼻，吸水畅饮；有的像一群羚羊，在湖心打量来往的船只；有的什么都不像，又什么都像，任凭游客去想象，越想就越像。

这些湖石来自何处？当地有这么个美丽的传说：上帝在东非造起最高峰乞力马扎罗山后，觉得高原上见山不见水，未免单调乏味，遂命令天使们开挖一个最大的淡水湖，这就是"尼亚萨"。造湖挖出来的岩石，天使们舍不得丢弃，就按野生动物的模样和神态加以雕塑。由于归期紧迫，未能全部竣工，有些湖石只好原样留在那里，任世人去驰驹想象。

世界剑麻之乡

坦桑尼亚是世界上著名的剑麻产地，素有“世界剑麻之乡”的称号。

剑麻又被人称为西沙尔麻，最初产于墨西哥，因主要是通过墨西哥的西沙尔港出口的，所以也叫西沙尔麻。这是一种多年生植物，叶子粗壮肥大，有1米多长，笔直地向四面伸展，尖端带有刺，像一把锐利的宝剑，故称为剑麻。

收割后的剑麻进行加工，可得到一种乳白色的纤维，这种纤维长1米以上，拉力极强，抗腐蚀，耐水澄，是制作缠绳的上等原料，广泛应用于航海业。也可以用来制作上等纸张、绝缘板、麻袋等。用这种纤维织成的衣料，柔软、通风、吸水性强，是夏季理想的服装。

据考查，剑麻于1845年开始传入东非地区，并在短时期内得以广泛传播。坦桑尼亚于1892年开始移植，由于坦桑尼亚生长的剑麻制作的纤维纯白无疵，一直在国际市场上很有声誉，使坦桑尼亚成为世界上优质剑麻的主要产地，年产量最高时曾达到20多万吨，占当时世界产量的61%，居世界首位。

近年来，由于干旱以及国际市场上尼龙缆绳竞争激烈，剑麻产量有所下降。由于政府采取扩大投资，增加剑麻工人工资，使剑麻产量开始回升。

丁香之岛

坦桑尼亚的桑给巴尔岛和奔巴岛享有“丁香之岛”的美称，

被誉为是世界最香的地方，在总面积不到2700平方千米的土地上，却有80000英亩土地栽种丁香。丁香树共450万株。丁香一年花开两季，丁香花榨油芬芳袭人，是一种名贵香料，用于制作食品、高级糖果和香烟的调味品以及高级化妆品的原料。坦桑尼亚每年产丁香3000~8000吨，全部用以出口，占世界市场上丁香供应量的80%，名列世界之冠。

漫步桑给巴尔岛上，到处是一株株高大挺拔的丁香树，粗矮的枝条上，对生着排排椭圆形的叶子，油光碧绿，有点像中国北方的红枣树，坚实而壮美。

到了花季，树枝上是一个个淡紫色或肉红色的小花蕾，酷似含苞待放的倒挂金钟。三五个一簇，掩映在繁枝密叶间，羞于见人似的，赧然含情。近前一闻，嗅不出什么气味，但掰开花瓣，却顿觉一股暗香浮动，袅袅而来，爽人鼻息。人们把丁香誉为坦桑尼亚人们的骄傲。

“铜矿之国”——赞比亚

赞比亚是世界上五大产铜国之一，素有“铜矿之国”的称呼。在赞比亚的首都卢萨卡的许多地方，都可以看到铜的标志，听到有关铜的传奇般的故事。

在卢萨卡的国际机场的候机室里，放着一块重16吨的铜矿石，它是在首都西北的谦比西矿发现的。若把它冶炼出来，可得纯铜3500多磅。

卢萨卡东郊的赞比亚大厦，它的外墙用铜皮包成，高达数米，堪称一面铜墙。在最高法院的广场上，矗立着的一座纪念碑也是铜铸的。在卢萨卡西面的自由广场上，有一尊巨大的高举挣断的锁链目光炯炯的自由战士像，也是用铜铸成的。

赞比亚人民喜欢用铜制的家庭用品和手工艺品，如雕工精细的铜灯罩、黄灿灿的果盘和精细的铜首饰、铜制品，在人们的日常生活中，几乎处处可见。

赞比亚的铜矿是扎伊尔的加丹加“铜矿带”的延续，长200千米，宽65千米。具有矿层厚（4.6~16.2米）、矿体大、品位高（平均3.7%），埋藏浅、适合大规模开采的有利条件。20世纪70年代以来，赞比亚的铜矿产量一般在66万吨左右，占世界第五位，但出口量却占世界第二位。铜矿业在赞比亚国民经济中占有主要地位，铜的出口值占全国出口总值的90%以上，政府的财政收入的一半左右来自铜矿。全国每7个职工中就有1人在铜矿业中工作。

“世界金都”——约翰内斯堡

南非是世界最大的产金国，储量约2.5万吨，占世界总储量的60%。自1898年以来，金的产量一直居世界首位。近年来，全国年产金量约700吨，约占世界总产金量的2/3。

南非黄金的主要产地在奥兰治河的支流瓦尔河流域，主要矿区是以约翰内斯堡为中心，总长约500千米的巨大“金弧”。这个地区有60多个金矿场，其中克勤格斯多普的乌尔尼夫斯年产金量66吨，居世界首位。

约翰内斯堡有“世界金都”之称。这里虽然有纽约的摩天大楼，但那些英国、美国、荷兰血统的黄金寡头、亿万富翁，住在金碧辉煌的大厦内还感到不够开心，还设置了许多荒淫无耻的娱乐场所，造了一些真正的“金屋”。黄金寡头里伊森的儿子和钻石寡头波盛圣的女儿联姻，用700千克黄金建了一栋“金屋”，门、窗、楼梯、阳台都镀了金，房的挂图用金线绣成。钉镜框的钉子也是用镀金的，他们还筹划兴建金的卫生间、游泳池。

非洲大陆上最顽固的种族主义堡垒

南非全国人口约3100万，其中白人仅400多万，其余为班图黑人和其他有色人种。从17世纪中叶开始殖民地化到现在，300多年间，白人种族主义政权一直统治着这个国家。

1961年5月31日，南非国民党政府宣布退出英联邦，改国名为“南非共和国”。“南非共和国”成立以来的20多年的历史，是构成南非人口绝大多数的土著黑人“遭受苦难，被取缔、被关押，被枪杀、被绞死、受剥削和丧失公民权”的历史。因而，南非黑人拒绝承认这个所谓的“共和国”，坚持称自己的国家为“阿扎尼亚”，即“黑人的国土”。他们提出“打倒南非共和国”的口号，要求建立一个“人民共和国”，反对种族歧视和种族隔离。

南非的种族歧视、种族隔离达到了登峰造极的地步，仅从1911年以来，先后以政府的名义颁布了350多项种族主义法令，在政治、经济、文化、领土、居住、婚姻等方面实行隔离，白人与黑人以及其他有色人种不得在同一区域居住，不得在同一商店购买东西，不得同乘一辆车。白人与黑人的孩子要分校念书，甚至就餐、洗理、邮寄、看戏、就医、如厕、看电视、听广播等，黑人都要同白人分开。很多建筑物的门口写着“非洲人和狗不得入内”的牌子，公园的凳子上写着“白人专用”的字样。白种人还把黑人当“偷儿”来防范，在马路上到处可以见到巨大的告示牌，上面写着“当心黑人!”

黑人在大街上行走，必须随身携带身份证、迁移证、纳税证等

20多个证件的“通行证”。南非警察不分昼夜四处检查“通行证”，查缉“非法黑人”。凡是发现证件不齐，就立即拘捕。而对所谓违反“通行证法”而遭拘捕的黑人，无须公开诉讼，也不用证人，警察可以当场宣布对其罚款、实行监禁等。在服刑期内，被当作囚犯，强迫服苦役，遭受非人待遇。南非每年因违反“通行证法”而受到拘捕的黑人多达五六十万。自1952年以来，南非共发生违反“通行证法”案件达1800万起，这正好是南非全国黑人的总数。

现在，南非黑人生活十分悲惨，由于缺乏医疗卫生设施，疾病流行，儿童死亡率很高。平均每20分钟就有1名儿童死亡。黑人的收入微薄，他们的工资只有白人工人的1/10到十几分之一，而且不准他们做技术工人。在钻石矿井里干活的黑人工人命运更为悲惨，他们穿的衣服没有口袋，背上带有字号，每天工作十几个小时，下班离开矿井前要赤着身子接受检查，并要站到爱克斯光机前透视，以防采用吞服的方法将钻石带出矿外。

由于南非当局推行种族歧视和种族隔离的政策，遭到了国内人民的强烈反扰，受到世界舆论的普遍谴责，使南非内外交困，四面楚歌。近年来，全国各地，罢工、罢课、罢市的斗争此起彼伏，掀起了种族主义斗争的新高潮。国际上，在继1971年被定为“向种族主义和种族歧视进行战斗行动的国际年”之后，1982年又被定为“动员制裁南非种族主义政权国际年”。许多国家宣布和南非断交，并实行经济制裁。可以断言，阿扎尼亚人民的斗争在全世界人民的支持下，一定会取得最后巨大的胜利。

北 美 洲

格陵兰——名不符实的岛

世界上第一大岛——格陵兰，这个名字的来历有一段史话：公元875年，几位勇敢的挪威探险家驾着一叶木舟横渡大西洋。几天中一直在晶莹单调的冰山中穿来绕去，甚感枯燥无味，一天，一个伙伴发现前方有一块绿地，高兴得惊呼起来："Green Land"。后来，人们就凭着这先入为主的片面见解，给这个岛屿起名为"格陵兰"，即"绿色的土地"。这娓娓动听的名字曾引诱不少欧洲人来到这个地方，公元986年开始在这里建立了定居地。

格陵兰的真面目如何？有一位名叫皮里的旅行家曾有过一段概括而简练的描述："格陵兰是一个极地撒哈拉。同它比较起来，非洲撒哈拉沙漠也大为逊色。在这个冰冻的荒漠上，没有一粒沙子。尽管在这里漫游了几个星期，但除了自己和旅伴，却只能看无边无际的雪原、无边无际的寒冷的蓝色天空和毫无暖意的太阳。"

格陵兰岛的4/6在北极圈以内。它的最北端是除南极之外地球上最冷的地方，冬季常在-50℃以下，有的地方最冷达-70℃，只有在受北大西洋暖流影响下的南部和西部沿海，夏季气温可达

0℃左右，最高温度达10℃。

严寒的气候使格陵兰80%的地面被深厚的冰雪覆盖。冰雪平均厚达1500米，最厚的中部地区达3411米，有人曾计算过：如果格陵兰的冰雪全部融化成水，海水将增长6公尺，许多岛屿和沿海平原将被淹没。

深厚的冰层还压陷了格陵兰的地壳，格陵兰冰下的地形是个四周高、中间低的大盆地，中部最低处的海拔为-366米，这里的冰雪最厚。不少科学家认为这种中间低凹的地形就是被中部巨厚的冰层压陷下去了的。

巨大的冰盖层是万年积雪在压力下形成的，人们称之为"万年冰"。这种纯真、洁净、没有杂质、没有污染的冰，在污染严重的今天成了物美价廉的上等饮料，如今，格陵兰人每年向欧、美大量出口冰川水，深受人们喜爱。冰，成了5万多格陵兰人的巨大财富。

"活的地质教科书"——科罗拉多大峡谷

在落基山脉南部的科罗拉多高原上，奔腾咆哮的科罗拉多河，经过近千万年的"努力"，切开了高原上巨厚的岩层，形成了全长440千米、宽200米至30千米、深达1830米的巨大峡谷。这就是举世闻名的科罗拉多大峡谷，被誉为"自然界的奇迹"。现在，科罗拉多河仍未"休息"，还在以每70年冲蚀1厘米的速度，继续加深着峡谷。

然而，使大峡谷扬名天下的原因，主要还不在于它的深渊和悠长，而在于它是一部记录了大自然的无数沧桑的"活的地质教科书"。大峡谷顶宽底窄、谷壁陡立。在两岸崖壁上，排列着一层层的水平岩层。从下而上由老渐新，展现出了从最古老的太古代、元古代直到古生代、中生代和新生代的各代沉积岩层和化石，在这里可以了解20亿年来地质历史的变化。在层层叠叠的古生代沉积层中，含有丰富多彩的古生物化石。这些化石的年代与岩层年代顺序一致，从原始的单细胞植物到巨大的蜥蜴类动物等各个地质时期的代表性生物化石一应俱全，真不愧为“活的地质教科书”。它为人们揭示地层和生物演化的奥秘，提供了丰富的物证。

科罗拉多大峡谷以它磅礴的气势和无穷的奥秘，吸引着来自世界各地的大量游客和科学工作者。这个奇妙的大峡谷，现已辟为国家公园。

北美的“地中海”

北美洲是多湖的一洲，淡水湖面积居各洲之首。中部的五大湖，是世界上最大的淡水湖群，一向有“北美地中海”之称，总面积达244800平方千米，可容纳我国江苏、浙江两省；是台湾面积的6.8倍。五大湖总蓄水量为2.3万立方千米。如果要把五大湖的水全部流光，按目前的年平均流量计算，够长江流23年，够密西西比河流40年。五大湖中的苏必利尔湖，是世界上最大的淡水湖，面积达8万多平方千米，相当于16个鄱阳湖或40个太湖。

五大湖之间都有水道相通。由于湖面逐渐下降，联络水道中便产生了急流和瀑布，如伊利湖湖面高出相邻的安大略湖约100米，形成了著名的尼亚加拉瀑布。五大湖的湖水，通过圣劳伦斯河汇聚而注入大西洋，这里船只如梭，水运繁忙，是世界上最大的内河航运系统之一。

“雷神之水”——尼亚加拉

北美五大湖之间都有短促水道相通。由于湖面自西向东逐渐下降，这些湖间水遭受地势影响，往往形成了急流和瀑布。从伊利湖流向安大略湖的尼亚加拉河，汹涌澎湃的流水在流过河流中段陡崖时，形成了气势磅礴的尼亚加拉瀑布。

“尼亚加拉”在印第安语中是“雷神之水”的意思。在距离瀑布10余千米之遥，人们就可以听见它那隆隆咆哮的水声。走到瀑布跟前，流水更是犹如万马奔腾，发出了排山倒海般的怒吼。

尼亚加拉瀑布雄奇壮观。正面望去，宽阔的瀑布像一幅白色纱幔，倒挂在蓝天白云之下。滔滔河水奔腾而下，浪花飞溅，在阳光照射下形成了色彩绚丽的长虹，犹如一座艳丽多姿的空中彩桥，横架在美、加两国的天空之间，令人赞叹不已。现在，瀑布区设有游览车、游艇以及直通瀑布后面的升降机。为游人从多种角度欣赏瀑布雄姿提供了方便。入夜，各种颜色的巨大聚光灯从两岸照射到瀑布之上，使瀑布五光十色，呈现出一幅迷离神奇面貌，引人入胜。

尼亚加拉河流量巨大，约为黄河流量的3倍。丰富的水量，加上巨大的落差，使尼亚加拉河流水能资源蕴藏量极其巨大。现在，美、加两国在瀑布附近都兴建有大型水电站。

“加拿大”的由来

公元1534年法国国王弗兰齐斯克一世下令航海家卡尔切带领一支舰队到海外探险。卡尔切经过数月的艰苦航行来到了北美洲的一个海湾。这里水面宽广，海湾向陆地伸入很远。他们沿着海湾向内陆航行，发现这是一条大河。卡尔切把这个海湾定名为圣劳伦斯湾，这条大河定名为圣劳伦斯河。他们顺河上行，但发现两岸寸草不生，岩石裸露，看不见花草树林，更看不见村庄。正在他们万分失望，准备返航之际，发现前方的景象与以前见到的大不相同，并且发现远处有炊烟。这一发现振奋了舰队所有的船员。果然不出所料，又航行了几分钟之后，他们发现了炊烟的源地是几间印第安人的茅房。

舰船来到了小茅房附近，村子中的人们异常欢呼，奔走相告，并成群结队地跑向河岸。印第安人一边微笑，一边发出阵阵欢呼。为首的印第安人用手势亲切地邀请船员去村庄作客。

卡尔切带着船员上岸了，在地上埋好了写着“这块土地属于法兰西国王弗兰齐斯克”的木桩，然后走向了村庄。在村里，卡尔切问主人，这是什么地方？印第安人以为问的是他们居住的地方，便随口答道：“加拿大”。在印第安语中“加拿大”意为村庄。于是张冠李戴，“加拿大”便成了北美洲一个幅员辽阔的国家的名字了。

因纽特人——世界上最耐寒冷的人

因纽特人是世界上最北部的居民，但他们的故乡都在亚洲，是若干世纪以前从亚洲迁移到北极地区的。大约在一万年前，北半球部分地区在冰期中冰冻几千尺，许多动物被严寒驱赶到了南方。后来，冰雪逐渐消退了，一些动物又重返了北极。这时，以狩猎为生的因纽特人就跟随着猎取对象来到北极定居了。

长期的冰天雪地生活，使因纽特人已经和亚洲黄种人有很多不同之处。为了适应严寒，他们的身体变得短小粗壮，皮下脂肪

很厚，为了防止冰雪反射的强光对眼睛的刺激，眼睛变得细小，为了防止暴风对鼻孔的刺激，鼻子变得宽大而像鹰钩鼻。因纽特人抗寒御冷的本领很强，在追捕猎物中劳累了，可以穿着单衣短裤躺在冰雪中睡上一觉。任凭雪花满地，他们仍安然入睡，

因纽特人的住所别致，不易溶化的坚固冰块是当地能找到的唯一建筑材料。他们就地取材，用高超的建筑技术，把冰块做成圆形的冰屋。有的还在屋内加上一层兽皮，这种冰屋既耐寒，又不易倒塌。

今天的因纽特人虽然依旧生活在冰天雪地的北极地区，依旧以捕鱼狩猎为生，但生产方法和生活方式都有了很大变化。他们不仅有自己的文字，还有自己的学校。有的地区还创办了自己的报纸，建立了村镇和商店。他们的衣服再不是那些粗糙原始的兽皮，而是穿以轻、软、暖著称的别致防寒服。狩猎工具也有了很大改进：猎枪代替了猎叉，摩托汽艇代替了单人皮筏，捕获量得到了大大提高。现在，因纽特人与外界的接触也增多了，特别是欧美人的生活方式和文明，对曾经与世界隔绝的因纽特人产生了一定影响。

超级大国对北横地区的激烈争夺，不仅打破了因纽特人宁静的生活，而且威胁着他们的安全。为此，居住在北美大陆北部和格陵兰岛一带的因纽特人，曾在1977年举行的世界因纽特人代表大会上，发出了“彻底禁止在北极地区的军事活动”的正义呼声。这是8万多因纽特人的一致要求，也是全世界人民的共同愿望。

与海豹结下了不解之缘

俗话说：“靠山吃山，靠海吃海”，浩瀚无际的北冰洋是因纽特人生活的源泉。

鱼类和海兽,特别是海豹,是人的主要捕猎对象。夏季,猎人们手持拴有皮带的猎叉,驾驶着海豹皮做成的单人小筏,技术高超地飘行在冰山丛中,猎叉射向那些时隐时现的海豹;冬天,海面冰雪封冻,猎人们经常破冰凿洞,然后手持钢叉在洞口附近守候着不时露出头来呼吸空气的海豹。这种“守洞待豹”的方法甚是灵验,有时碰到好运,用不上几个小时就可猎获一头。

北极地区人迹罕见,海豹众多。所以,海豹在因纽特人的生活中占有极其重要的地位。他们的主食是海豹肉,并且有生食的习惯(爱斯基摩即“吃生肉者”之意);他们照明和取暖用的是海豹的油;做衣服、睡褥以及门帘、帐篷和小筏都是用海豹的皮;缝衣所用的针和各种装饰品都取材于海豹的骨,用的线是海豹的干肠丝……可以说,海豹与人结下了不解之缘。

枫叶、枫树、枫糖和枫树节

枫叶,是加拿大的标志。枫叶图案在这个国家随处可见。各种商品、书刊、旅游品、乃至小学和幼儿园的各种启蒙画册里比比皆是。加拿大的国旗也别具一格,正中就有一片火红的枫叶。在加拿大,枫叶是幸福、美满和兴旺的象征,也是国家的标志。

枫树,是种高大的落叶乔木。在加拿大东南部,尤其是安大略和魁北克两省的山丘上和公路两旁、住宅四周,到处都是枫树,一眼望不到边。每到秋季,枫树叶的绿色消退,取而代之以浅黄色、金黄色、橙色、红色、紫红色或深褐色。这时,是观赏枫林的大好时机。大地如同换上了一套色彩斑斓的新装。穿越枫林,阳光从火红的枫叶缝隙间泻下,构成了一幅绚丽多姿的图画!枫林,装扮了加拿大山河,使她成了令人心醉的“枫树之国”。

枫糖，常常是加拿大人用来招待贵宾的糖点，也是孩子们喜爱的食品。世界上的枫树共有140多种，很多枫树的树汁含有较高的糖分，其中加拿大的糖枫和黑枫含糖量最高。一棵15年树龄枫树，每次可割取糖汁160加仑(1加仑=4.5461升)。全国每年至少可产枫糖800万公升。目前加拿大、美国两国是世界上枫糖的唯一生产地区。

枫树节，是加拿大东南部盛大的传统节日。每年三四月间，正是割汁采糖的季节，为了庆祝丰收，人们就举行隆重的庆祝活动。这时，度过了寒冬的人们，都渴望走向园野，观赏大自然景色，领略粗犷、简朴的田园生活，美国和加拿大以及世界各地的人们都涌向枫树之乡。在节日期间，庆祝活动花样繁多，有着浓厚的农村生活气息。街上人山人海，水泄不通，街旁的商品差不多都与枫树有关，有种类不计其数的枫糖食品，有令人眼花缭乱的枫制装饰品和纪念品。在节日里到处可见男女老幼载歌载舞，甚至通宵达旦。

美国的领土组成

15世纪末，欧洲殖民者开始向“新大陆”——美洲移民。18世纪初，英国在北美洲大西洋沿岸先后建立了13个殖民地。1776年，这13个殖民地宣告独立，成了美国最初的13个州。美国独立后逐渐向四周扩张。19世纪初向西部扩张中，驱逐、屠杀当地原居印第安人，兼并了法、英、西班牙等国在北美的殖民地；19世纪中期又吞并了新独立的墨西哥的近一半领土；1867年，又以720万美元从沙俄手中买来了总面积达151.9万平方千米的阿拉斯加和阿留申群岛；与美国本土相距3000多千米的北太平洋上的夏威夷群岛,原来是西班牙的殖民地,1898年也被美国夺取,并于1959年宣布加入美国。至今,美国的国旗上的星星由最初的13颗变成了50颗,它们代表美国50个州。另外,还有华盛顿所在的哥伦比亚特区。

美国有48个州和哥伦比亚特区位于北美洲中部的本土上,阿拉斯加和夏威夷分别是美国的第49州和第60个州。这两个州由于远离美国本土,被称为美国的"海外州"或"边远州"。

美国各州之间的界线,特别是中西部,都是笔直的。这是什么原因?

原来,英国13个殖民地都分布在阿巴拉契亚山脉以东地区。美国独立以后,根据1785年英美巴黎和约,英国承认美国占领密西西比河以东的土地。如何处理阿巴拉契巫山脉以西的这些新土地?美国国会在1786年颁布的"土地法令"规定:政府对土地按长方形进行丈量,在确定一条南北向的子午线(就是现在俄亥俄与印第安纳州之间的界线)后,又划定一条东西向的基线。测量员从子午线和基线交叉的地方每隔6英里划出一条垂直线。再划一些线横过这些直线,就把土地分成了若干面积为36平方英里的方块。每个方块是一个城镇的地区,再把每个大方块划为35个小方块,叫作一个分区。

由于基层城镇区是方块的,包括很多城镇区的州,界线自然也是笔直的了。

美国的"活化石"——红杉

在风景如画的杭州西湖玉泉山边的杭州植物园里,有几株红杉特别令人注目。它那潇洒挺拔的躯干,色泽绯红的羽叶,俊美

秀丽的树形,吸引着不少游人。这几株红杉,是美国前总统尼克松1972年访华时赠送给中国,周总理亲自决定栽种在杭州的。从此,美国的“活化石”红杉在西子湖边安家落户了。

红杉,是古老地质年代遗留下来的“活化石”。在1亿多年前曾广泛分布在各大洲。它伴随着巨大的恐龙,在地球上盛行了很长一段时期。后来,由于地球环境的演化,它和恐龙一起,渐渐减少,几至灭绝。其中只有2个品种在美国西部得以保留。

在加利福尼亚州的内华达山麓,生长着许多高大而古老的红杉,它们不仅是植物界的老“长辈”,也是植物界的“巨人”。参天的身躯,最高的可达120米以上,腰身直径有12米左右。树干掏空可以作房屋供人居住,汽车通过而绰绰有余。红杉的寿命很长,有“世界树爷”之称,它们中有不少树龄超过了3000年,至今生命力依然十分旺盛,生机勃勃,仍然在不断地增加着新的年轮。

红杉喜欢温湿的气候。它生命力很强,将它的根切成细片都能生长,成活率高,生长快,是有名的速生树种,世界上已有几十个国家广为引种,都生长得奇伟多姿,被誉为世界上最有价值的树种之一。

联合国总部

1943年第二次世界大战期间,中、苏、英、美发表了“关于普遍安全的宣言”,声明“有必要建立一个不分大小和一切爱好和平国家参加的、以国家主权平等等原则为基础的普遍性国际组织,以维护国际的和平与安全。”这一声明受到了各国的欢迎。经过充分准备和广泛磋商,1945年10月24日联合国正式成立。随后由美国国会邀请,将联合国总部设在纽约长岛成功湖。后来美国财阀约翰·洛克菲勒用850万美元买下了现在联合国总部这块面积为18英亩(合109亩)的矩形土地,捐赠给了联合国。美国政府又贷款6500万美元,在这块土地上修建了联合国总部建筑群。

总部正门前飘扬着159个成员国的国旗(1984年底)。进入正门,在宽阔的大院内的主旗杆上,天蓝色的联合国旗帜高高飘扬,旗帜上的图案是一对橄榄枝环绕着整个地球,象征着争取世界和平。大院南边,39层的联合国秘书处大楼直插云霄。秘书处大楼的东西两侧全是钢窗,明净的玻璃在阳光照射下闪闪发光,远看犹如一座水晶宫。大楼南北两侧是镶着大理石的墒,光滑的大理石闪烁着奇异的光彩。秘书处大楼北边是联合国立体建筑群——联合国大会和三个理事会的会议楼。楼内大会会议厅由法国艺术家设计,采用绿、蓝、金黄三色。大会会议厅底层是代表席,每个代表团有六个正式席位,二层为记者席,三层为旁听席。会场上有同声传译设备,通过耳机可用英、法、中、俄、西五种法定语言自由选择收听;主席台的后墙上悬挂着巨大的"表决机"。旁听席是为买票入内的游客准备的。

联合国大会会议楼内和两侧大厅里,陈列着各国馈赠的纪念品,我国赠送的绣着万里长城的壁毯、比利时赠送的长度达9.4万英里的巨幅挂毯、苏联赠送的第一颗人造卫星模型,都引人注目。美国"阿波罗"号飞行器采回的月球岩石陈列在联大秘书长办公室内。

会议楼南侧是联大图书馆,馆内藏书达10万册。

这组建筑群周围是墨绿色草坪,草坪北部矗立着苏联雕刻家创作的"化剑为犁"的雕塑。建筑群地下室设有齐全的服务机构,如咖啡馆、餐厅、书店、邮局和商店等。

这座"城市"的"市民",自然是为联合国总部服务的各成员国的职员及附属机构的工作人员,现已超过万名。

迷宫般的华盛顿

1800年10月,美国第三任总统亚当斯和政府其他官员刚从费城迁移到新都华盛顿办公时,在浓密的林荫中迷了路,认不清方向。

这个世界上工业最发达国家的首都,却见不到一座浓烟滚滚的烟囱,找不到一寸裸露的黄土地,也没有高耸入云的摩天大楼。人们所能见到的是绿茵似的草坪,郁郁葱葱的树木,五彩缤纷的花坛。

华盛顿的公园和游憩地达3410公顷,人均公园绿地为40.8平方米。有10多处大型国家公园,如托波马克公园、罗斯福公园、国立植物园等。全市有22条东西向和南北向的街道,交错成棋盘式。每座建筑物前都有精心设计的花坛,种满了各色花卉,窗台和阳台上布满了花盆和盆树。市内的建筑都不得超过街道宽度的3倍。绿化首都是市政府的日常工作,政府每年拿出3%的经费,用于街心公园和道旁的绿树。

美丽的迷宫般的华盛顿已经成为世人游览观光的胜地。

美国的石油城和宇航中心——休斯敦

休斯敦,这个被誉为美国南部边缘地带地“首都”,是以石油起家的。自从发现得克萨斯州及墨西哥湾沿岸有丰富的油气资源以后,休斯敦也得到了蓬勃的发展。现在到处可见井架、油罐、油气管与高速公路相互交织、密如蛛网。在休斯敦周围拥有油井11000多个,拥有规模巨大的炼油厂,美国30家最大的能源公司

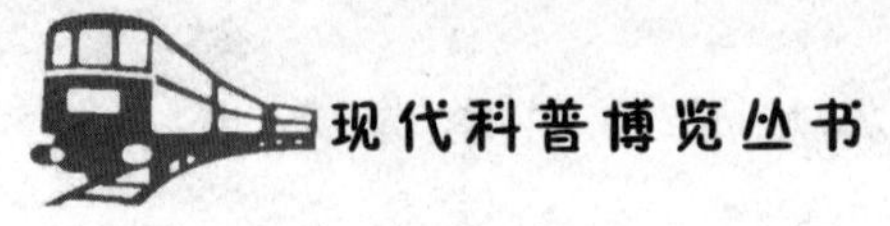

中的29家在这里设有总部或分公司，这里聚集了1000多家有关石油设备的制造商或供应商，还有数百家油管输油公司和地质钻探承包商。休斯敦的炼油能力每年可达132560万桶，占美国的24%；集中了美国基本石化工业生产能力的一半以上，其中人造橡胶和乙烯的产量分别占美国的4/5和3/4，是一个名副其实的“石油城”。

在休斯敦城东南42千米处，坐落着美国NaSa宇航中心，它建于1962年，占地656公顷。这里集中了3600多名宇航科学家和6000多名宇航技术人员。整个中心掩映在绿树鲜花丛中，犹如一个巨大的公园。有一座三层楼的宇航控制中心，里面有当代世界最有效的通信、计算机、资料显示和处理设备，其地下室面积达一英亩，摆满了各种电子计算机。每当进行宇宙飞行时，上千名工程师和技术人员就坐在这个控制中心二楼的控制室一排排电视屏幕和巨大墙上显示板前，一天24小时不停地工作着，指挥着宇宙飞行。第一次宇宙登月和哥伦比亚宇航飞机都是在这里指挥飞行成功的。现在，该中心正在逐渐向世界各国科学家开放，以便合作进行宇航探索。

旧金山的“唐人街”

我国有91万侨胞居住在美国，旧金山则是侨胞在美国最大的聚居地，包括郊区共有华人20多万，占全市人口的7%。

由于民族意识的凝聚力和其他历史原因，华侨们聚居在一起，形成了一个以都板街为中心，横跨40个街区的“唐人街”，聚居了华人6.5万。与其称它为“街”，不如称之为“城”更加确切。

游人入“城”，有如进入了30年前的佛山城。街口矗立着高大

的中国牌坊，沿街店铺林立，到处悬挂着繁体汉字招牌，家家门口张贴着吉祥如意的门联，大红宫灯飘着丝穗。汉语方言、粤剧清唱、苏州小调、江西民歌，广州茶楼、川味菜馆、中文学校、中文报刊、中药铺、京果店铺、少林武功馆……这一切，使人忘记了这是在美国。

自50年代末以来，由于地价飞涨，唐人街人满为患，新到旧金山的华人逐渐从唐人街扩散到了周围海湾地区，在卫星城镇建立了更多的唐人街。

黄石公园的"森林化石"和"间歇喷泉"

黄石公园位于落基山脉北部，它是美国西部众多游览胜地中规模最宏大、历史最悠久的一个，现已辟为国家公园。公园内抬头可见黄色的木化石，脚下是形态各异的黄色岩石，路边是金黄色的水潭。到处是金黄色的景物，组成了一个奇异多姿的金黄色世界，故美国人民形象地称它为"黄石公园"。

黄石公园景点众多，数不胜数，其中"森林化石"的奇异，"间歇喷泉"之壮观，可以说是首屈一指。

在黄石河上源的一个宽谷中，有一片"森林"，树木有干无桠，宛如废墟上的根棍残柱，直立在河谷两旁的坡地上，这就是举世闻名的"森林化石"，由一根根石化了的树干（即"硅化木"）组成。这一片石化森林的出露，是大自然的绝作。由于古代冰川的刨蚀和现代流水的冲刷，剥去了一层地壳外衣，使一座深埋在地下的石化了的森林重见天日，展示在人类的眼前！令人更为惊奇的是在它底下，还有26层这样的石化森林。保存这些石化森林的地层总厚达360米左右。

这些森林化石是怎样形成的?听起来会感到离奇——是火山造成的:大约5500万年以前,这里有茂密的森林,后来附近火山强烈喷发,大量火山灰掩埋了森林。森林在沉积物下慢慢被硅化物等矿物侵入或取代,久而久之就变成了坚硬的木化石了。火山一次又一次地爆发,森林一次又一次地重新生长和重新被掩埋,如此反复了27次,就形成了如今上下夹叠的27层石化森林了!更有趣的是,这里现在森林又很繁茂,地壳仍很活跃,会不会有第28次或更多次的历史重演?

黄石公园喷泉广布,不少喷泉的水柱直冲蓝天,并发出惊涛骇浪般的怒吼,景色蔚为壮观。

在众多的喷泉中,计有"间歇喷泉"200个。其中"老实泉"每隔64.6分钟喷射一次,一次喷射4.6分钟,喷水量41640升,水柱高达56米。由于它"老实"守信,时间偏差很短,有人说它"像钟表一样"准确,故荣获了"老实泉"的雅号。园内另一个名泉"女巨人泉",虽喷发次数较少,称不上是一个"忠实"的"女性",但它却以艳丽、高大著称。每当喷发时,水汽直冲云霄,可达八九十米。在阳光照耀下,水影波光,壮丽无比,犹如一位高大的艳妇。该园还有一个孤星间歇泉,以水柱极高著称,可达一二百米。云天水汽,浑然一体,磅礴气势,无与伦比。

墨西哥的"钦乔纳尔"火山爆发纪实

位于墨西哥东南部的"钦乔纳尔"火山,沉睡了100多年后于1982年3月28日深夜爆发了。4月3日,又一次更大规模地喷射,其能量比前一次大10倍,虽说没有喷发岩浆,但喷出的岩石、岩灰高达8400米,温度达1000℃以上,火山周围13公里内的一切地

物，全部被毁，在5千米以内，火山喷发物覆盖厚达2米多，10千米之内也厚达1.5米。距离火山70千米的比利亚埃尔莫萨市，街道和房顶上也覆盖了一层厚达几十公分的岩灰。

这次火山爆发，给墨西哥造成了近几十年来最大的一次自然灾难。据初步统计，喷出的岩石和岩灰总数达100多万立方米，使56万多公顷良田、牧场被毁，另有10多万公顷的土地遭到了不同程度的破坏。在离火山口13千米内四周的12个村庄全都被埋入火山岩灰之中，死亡、失踪数千人，方圆150千米内的4个州20个城镇的上万幢民房倒塌，使20万居民无法正常生活和工作，损失了20万吨粮食。同时，由于火山爆发引起了当地放射性元素氧的裂变，使一队抢险士兵遇难。

火山灰上升到2万多米的高空，形成了一个厚达3千米的火山灰云层，从当地一直散布到了远隔重洋的沙特阿拉伯的上空，美国科学家认为这是自1921年阿拉斯加卡特迈火山爆发以来的一次罕见的巨大火山灰云层，它将会使某些地区的气候发生变化，产生旱灾和热浪。

玉米地里"长"火山

墨西哥是玉米的原产地之一，至今，玉米在墨西哥仍然广泛栽培。在墨西哥城西边320千米处，有个印第安人的村庄，村里农民卓尼西奥·普里多的一块玉米地就坐落在村南河谷中。好些日子来，这块地总是热烘烘的，好像地底下生了个大火炉似的。

后来，稀奇事儿一件一件地多了起来。1943年2月5日，地下发出了闷雷般的隆隆声，整个村子都抖动起来了。普里多的那块玉米地，几次看见有白烟从一个洞里冒了出来，他还以为是什么东西烧着了，他想铲土盖灭，但他白费劲了，烟还是一个劲地冒。到2月20日下午4点左右，普里多正在地头休息，突然大地又抖了起来，他随着隆隆声望去，见早先冒烟的地方裂开了一个大口子，并且越裂越长，大量的浓烟从裂口中冲天而起，一股难闻的臭鸡蛋似的硫磺味扑面而来，裂口边的植物也着了火。普里多惊恐万分，赶快向家中跑去，结果发现家旁的泉水也干涸了。这时有五位好奇的人骑马赶到普里的玉米地，想看个究竟。发现冒烟的洞口越来越大，直径不下2米，在洞里有很多砂子、石块在翻滚。第二天一早，在原先冒烟的洞口堆起了一座约10米高的小丘，周田地面布满了大大小小的石块和灰砂。一个多星期以后，小丘竟变成了一座100多米高的圆锥形火山。火山锥上有一圆坑，那就是火山口。浓烟、石块、灰砂源源不断地从火山口喷出来。这座火山就这样在众目睽睽之下，从玉米地里长了出来，后来，人们用当地村庄的名字，把它叫作帕里库廷火山。

帕里库廷火山诞生后的第二天，从火山口中涌出了一股股殷红滚热的熔岩流，估计约有10亿吨之多。熔岩流毁灭26平方千米土地上的一切，帕里库廷村只剩下一座教堂的钟楼钳在凝固了的熔岩中，以后，火山逐年“长大”，1年后“身高”336米，4年后长到360米，7年后已是397米高的庞然大物了。火山整整活动了10年，直到1952年8月4日才完全停息。

墨西哥的仙人掌

在墨西哥，不论是平川和高原，还是低丘或峻岭，到处可见仙人掌的倩影。特别在那些怪石嶙峋的悬崖峭壁和那些寸草不生的荒山秃岭，满目皆是方戟形仙人掌，傲然挺立，独露峥嵘，好像

是柄倚天之剑，直指天穹，尤为壮观。在墨西哥西北部，干旱少雨，林木不生，杂草稀疏，然而仙人掌却到处亭亭玉立。在那些尚未开垦的荒野，翠绿的仙人掌满目皆是，一派生机：高耸的、低矮的、圆圆的、扁平的、碧绿的，绛紫的，还有带刺的、无刺的、开花的、无花的、结果实的、无果的……千姿百态，美不胜收。一片片荒野，犹如一片片仙人掌的天下。这里的“巨人仙人掌”，更令目睹者惊奇：高达17米，重12吨。远足的路人，无不着意观赏这种闻所未闻、见所来见的仙人掌树和成片的仙人掌林。称墨西哥为“仙人掌之国”，确实名副其实！

仙人掌依靠它长长的根深扎于土层，吮吸着地层深处的细微水分，来保持其肥厚多汁的躯干，维持着强大的生命力。在那干旱的沙地，有时连月滴雨不下，室外骄阳似火，大地龟裂，不少仙人掌奄奄一息，可是只要一场毛毛细雨，它们又会碧绿碧绿，充满生机；甚至被野火烧糊了，待到冬去春来，又会长出遍体嫩芽新枝。仙人掌的这种极强的生命力和非凡的适应性，使它具备了征服沙漠的特殊本领。自1973年至1975年，墨西哥州就在干旱和半干旱的地方种植了2万多公顷仙人掌。从播种后的第6年起，就可采摘叶片和果子，每公顷经济收入可达570多万元，可连续收获200年之久。

仙人掌的嫩片是墨西哥人喜爱的佳肴。在菜市场，到处可见手掌大小的仙人掌新鲜嫩叶。带刺的品种两面的芒刺已被刮掉。用它做成的凉菜，汁多味甜，清爽可口，颇似我国的生拌莴笋，仙人掌的果实是墨西哥特有的一种水果，当地称“杜纳”。在隆重的招待会上，热情的主人总会端上一盘盘鸡蛋大小的绿色“杜纳”，请客人品尝。鲜果去皮后清脆香甜，是消暑解热的佳品。在宴席上，它还是一种与菠萝、西瓜齐名的常见甜食。仙人掌的叶片，发酵加工后，可以酿成饮料，名叫“诺乔特”，墨西哥人犹喜饮用；仙人掌果实除了食用，还可以制糖和酿酒；仙人掌树上常生有一种胭脂虫，它能提炼名贵的红色染料；老仙人掌的纤维质，可用来织粗布和编工艺品;枯干了的仙人掌也有用处,它可以当燃料和盖农舍。此外,有些仙人掌的果实还是重要的工业原料。1980年,墨西哥的一位物理学家,从巨型仙人掌中提取了一种生物碱,这种生物碱有抑制某种癌细胞的功能,勤劳智慧的墨西哥人还将仙人掌成排栽种在家院四周,不但能美化住宅,还能防盗防贼。

在仙人掌之国,仙人掌为人们提供了丰富多彩的食品、饮料和工业原料,又美化了环境,难怪它赢得了墨西哥人的厚爱,成了该国的象征!

“白银之国”——墨西哥

墨西哥是世界上第一个产白银的国家。自1525年西班牙人在这里建立第一个银矿开始,至20世纪以前的400多年中,墨西哥白银产量一直占世界白银总产量的2/3以上。1966年以后产量曾被美国、加拿大等国超过,以后墨西哥采取了一系列促进白银生产的措施,终于在1976年又重登了世界第二把交椅。1980年白银产量达1602吨,目前每年产量1500多吨,号称“白银之国”。每年所产白银70%供出口,为国家换取了大量外汇。

墨西哥已探明的白银储量为22800多吨,主要分布在高原的中南部和西马德雷山地。马德雷山地拥有世界上最大的银矿层,1980年又在萨卡特卡斯州发现了世界上最大的露天银矿。

“死三角”海区的谜

1968年9月,在一个风平浪静、风和日丽的日子里,一架“C132”客机,穿云透雾,飞入了“死三角”海区的明朗上空。突然,

飞机往下直坠，机上27人全部丧生。1973年8月，载有32人的摩托艇，驶入“死三角”海区的平静海面时，瞬间，船沉大海，32人无一幸存。近30年来，飞机和船只在这里屡屡失事，上百架飞机和船只失踪，上千人葬身。不要说人的尸体，就是飞机和船只的残骸也难寻找。事实上，船只在这一海区失踪或沉没的可怕事实，并不是近几十年才有的，从16世纪以来就屡见不鲜，早就引起了各国科学家的极大关注，纷纷来到“死三角”海区，进行考察研究，探求其中的奥秘。

“死三角”海区位于大西洋西侧百慕大群岛——佛罗里达海峡一波多黎各岛之间的三角区，边长各约2000千米，海面十分辽阔。为什么飞机和船只经常在这里失事，连残骸也寻找不到呢？众说纷纭，归纳起来有三种说法：一种说法是这一海区空中和海上航运繁忙，难免不发生意外。同时这一海区水流湍急，会将失事的飞机和船只带到不知所向的地方。另一说法认为此海区有一个强大的磁场，干扰飞机和船只的正常航行。第三种认为是海底或外星智能生物作怪，说法各异，大相径庭。

为了探索这里的奥秘，美国海军曾做过一次实验，命令一艘驱逐舰开往“死三角”海区，在强大的磁场干扰下遭到了同样不幸的命运。1977年2月一位探险家和他的4个伙伴，乘水上飞机飞往“死三角”海区，在那儿逗留了数天。他们发现了一个奇怪的现象：一天晚上，他们正在吃晚饭，所用的叉子突然都弯曲了，同时水上飞机上的十几把钥匙也都变了形，连罗盘上的指针也偏离了40°，更为奇怪的是，他们之中有人潜入水中时，听到了许多嘈杂的声音（这种奇怪的声音已被他们录制下来了）。

然而，“死三角”海区并不是进去不得的禁区。有一个波兰飞行员，30多年来一直活动于这一海区，几乎每天都来往于这一海区上空，但一直安然无恙，从未发生过任何意外。

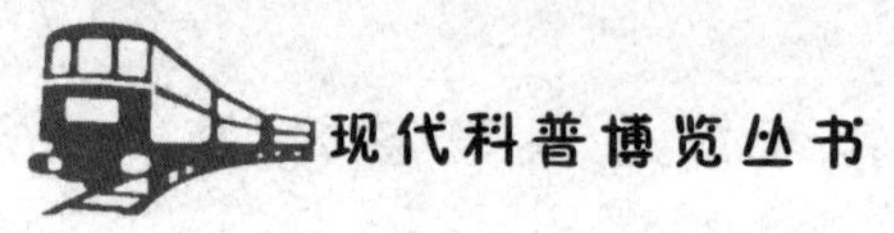

造成“死三角”海区悲剧的原因至今尚未探明，成为地理上的一个谜。

神奇的沥青湖

位于小安的列斯群岛南部的特立尼达和多巴哥，是西印度群岛中的一个很不显眼的小岛国，面积仅5000多平方千米，人口只有120万。然而，岛上的一个面积36平方千米的沥青湖，名气却很大。

这个世界上最大的沥青湖，没有碧波粼粼、岸柳成荫的气息，也没有鱼虾满仓、鹅鸭如云的景象，湖中是一片黝黑锃亮的“黑水”——沥青。这里的沥青是质地绝佳的天然沥青。

沥青湖中，看不见航船扬帆，但人来车往，一派繁忙。池面上可以走人，也可以行车。人行其上，不会弄湿鞋袜，只觉有点微微下陷，如果站立不动，则会渐渐下沉，并越陷越深。

令人惊奇的是，湖中的沥青，似乎是取之不尽、用之不竭的。该湖自16世纪末被发现以来，一直被英国霸占，1978年才收归国有。自1870年以来，经过100多年的开采，挖出了1000多万吨沥青，而“湖面”基本没有降低。每天挖走三四十吨以后，湖面上就留下了一个巨大的洼坑，但是第二天，洼坑又能完全消失，不留任何“疤痕”。

沥青湖中的沥青为什么能“再生”?原来，沥青湖的形成，是由于地壳运动使岩层破裂，地下石油沿裂隙涌出，堆积在湖洼中，石油的挥发性成分逸散后，逐渐黏稠硬化而形成沥青湖的。至今，湖中还有一块湖面非常稀软，对应的湖底有个裂隙，沥青像泉水一样不断从里边涌出，不断地生成新沥青，弥补开采损耗。所以，

当地人称这块稀软的湖面为“湖的母亲”。

沥青“再生”之谜被人类揭开了，但沥青湖还有很多令人费解的怪事。

怪事之一：人们在湖中找到了许多意想不到的东西，如古代印第安人的武器和生活用品；史前的骨骼、牙齿，鸟类化石和兽类化石。在多得不可胜数的化石中，猛兽、猛禽的件数占80%；同时，猛兽、猛禽又以青壮年占绝大多数！

怪事之二发生在1928年，突然湖中冒出了一根粗大的树干，伸出湖面4米多高，矗立了几天之后，它又自动慢慢倾斜、倒下，没入湖中。人们好奇地锯了一段，发现木质完好如初，好像是刚伐下的新树。但是经过科学鉴定，发现它至少有5000年的高龄。至于树干来自何处，去向何方，还不清楚。

令人费解甚至莫名其妙的怪事，吸引了世界不少科学工作者，他们正在为揭开沥青湖之谜努力探索着。

巴哈马的“火湖”

在西印度群岛巴哈马联邦的巴哈马岛上，有一个奇妙的“火湖”。夜晚泛舟潮上，船桨会激起万点“火花”，船周围也会飞起点点“火星”。你如果有兴趣用船桨拍打水面的话，则会火星飞溅，奇趣盎然。有时，跃出水面的鱼儿，也会带起火花飞舞。

其实，这些“火花”和“火星”都不是火，而是湖中大量繁殖着一种只有几微米大小的水生生物“甲藻”。甲藻所含的荧光酵素，在水受扰动时，如划桨、拍水、鱼儿跳跃等，就会发生氧化作用而产生出五光十色的“火花”。

南美洲

世界最大的热带雨林区

巴西的森林资源极其丰富。据统计,全世界森林面积28亿公顷,每人平均不到1公顷。而巴西人口1亿多,森林面积为8亿多公顷,平均每人有森林将近3公顷。世界著名的亚马逊原始森林主要在巴西境内,林内乔木、灌木植物组成很多层次的郁闭丛林,一般有4~5层,多者可达十一二层,藤本、附生等层外植物也很发达,板根、寄生和老茎开花等都很突出。一个饿猴在树上攀缘可到达1000多千米以外的远方,并且均在树上攀缘而不在地上走一步路。

亚马逊地区由于水量充足,气候适宜,植物的生长期要比世界其他地区缩短一半,甚至3/4的时间。如果巴西的森林得到合理利用和适当保护,那么大自然赐予这个国家的这种财富,可以说是取之不尽、用之不竭的。

跨纬度最广的洲

拉丁美洲位于北纬32°和南纬56°之间,是世界上跨纬度最广

的一个洲。赤道横贯南美大陆北部。在南纬24°以南,大陆突然变窄,因此全洲约有3/4的地区位于热带范围以内。除山地外,冬季最冷月份平均气温都在0℃以上。夏季最热月份平均气温一般介于20℃~26℃之间,与其他各洲相比,气候比较温暖。拉丁美洲的降水量比较丰富,年平均降水量超过1000毫米的地区,约占全洲面积的3/5,与其他各洲相比,气候比较湿润。拉丁美洲绝大部分地区处在赤道低气压带和信风带范围内,以热带气候类型为主。

南美洲的"地下油库"

在委内瑞拉西北部的马拉开波盆地中,南北长约200千米,东西最宽可达120千米,面积为16300平方千米,是南美洲最大的湖泊。它的北部有一条长达25千米的狭窄水道与委内瑞拉湾相连接,直通加勒比海,很像一个海湾,但是湖水绝大部分是淡水,只有北部的湖水由于受海潮的影响稍微带一些咸味。

马拉开波盆地是一个巨大的地下抽库。因为石油储量丰富,黑色的原油常从湖畔的沥青裂缝中溢出来,浮在水面上,当地居民把它称为"大地的汁水"。油田主要分布在湖泊周围的沼泽低地,油层多聚集在湖底下约1500米深处的第三纪砂岩和页岩中,不仅油质好,油层浅,且储量异常丰富,是世界较大的储油沉积盆地之一,这里的石油管道纵横交错,犹如蛛网。一个个巨形油罐排列成群。整个潮区有12000多口油井,200多个输油站,各种输油管道长约14000多千米,是一个名不虚传的"石油湖"。

世界第一长河

南美洲的亚马逊河,以其河流长、流域广,河面宽,流量大和物产丰富而闻名于世界。亚马逊河的长度,过去在书刊上所引用的数值不一致。最近,秘鲁地理学家贝尼亚埃莱拉参加了西班牙所组织的“沿河远征”,发现亚马逊河发源于秘鲁境内的乌卡亚利河的源头后,提出亚马孙河的新长度为6800千米,超出尼罗河很多,使亚马孙河为世界第一长河,这是无疑的。它沿途接纳了从北、西、南三面注入的200余条较大支流,其中有不少支流长达1500千米以上,因此亚马逊河的水系密如蛛网,是世界上水网最密的巨川。亚马逊河流域面积达705万平方千米以上,占南美大陆面积的1/3,是世界上流域面积最广的河流。同时,亚马逊河主干处于赤道多雨带,北部支流3月至6月为雨季,南部支流10月至次年3月为雨季,所以它能终年保持丰富的水量,流域内大部分地区年降水量为1500~2000毫米,每年流入大西洋的水量达3800立方千米,所以它的水量为世界河流之冠。

亚马逊河中下游,流经平原地区,河流蜿蜒曲折,多河曲、沙洲和牛轭湖。每逢汛期来临,河水高出平均水位10~15米,故常因排泄不及而泛滥成灾,这时洪水越过河漫滩,淹没大片热带森林,呈现汪洋大海的景象。

亚马逊河出海一段,因近代下沉作用,加上河流所挟带的大部分泥沙为南赤道洋流漂移去,所以没有出露广阔的三角洲,相反却形成巨大的喇叭河口。大西洋的海潮,可溯河深入内陆600~900千米。当涨潮时浪头形成5米高的水墙,呼啸而来,如遇到强风登陆则巨浪滔天,河海交融,印第安人称这种宏伟的吼声为“亚马逊吼”,这就是亚马逊河名称的由来。

由于亚马逊水系水量丰富，河面宽阔，比降小，深度大，成为世界上航运价值最大的水系。

亚马逊河上游及其支流，从高山和高原流出，切过坚硬的结晶岩，往往形成急流和瀑布，虽不利于航运，但却蕴藏着丰富的水力资源。

亚马逊河流域富饶的土地上，今天还是人烟稀少，这里平均每平方千米还不到半个人。农业用地不到总面积的1%，还有大部分地区等待人们去利用和开发。

美洲的印第安人

印第安人是美洲大陆的原住民族，在欧洲殖民者未侵入前，印第安人是美洲大陆的主人。“印第安”这一名称来源于西班牙语，意思是“印度居民”。

印第安人是个勤劳智慧的民族，在16世纪以前，他们单独生活在西半球，在辽阔的美洲大陆上，用他们勤劳的双手，发展了农业生产，培育了玉米、马铃薯、菜豆、西红柿、南瓜、烟草、可可、辣椒、花生等农作物。在农业生产中，他们还发展了灌溉事业，在印加帝国和玛雅王国都建有灌渠网，引河流、湖泊的水，来灌溉农作物。印第安人在美洲沿海，特别是西北部北冰洋沿海一带，还从事渔业活动。在辽阔的森林和草原地带，他们进行狩猎活动。还能饲养家禽、家畜，他们创造性的发展了手工工艺生产，织成了精美细致的织品，制作了花彩多样的陶器，而且还熔炼了金、银、白金、铜以及铜和铝的合金——青铜等金属，建造了宏伟壮丽的宫殿和金塔。印第安人所创造的玛雅文化和印加文化，是人类灿烂文化的组成部分。

16世纪开始，欧洲各国的殖民者先后侵入美丽富饶的印第安人的家乡——美洲大陆。他们抢劫印第安人的物质财富,摧毁了印第安人的文化艺术建筑,杀戮手无寸铁的印第安人。仅在美国境内,遭欧洲殖民者屠杀就有40多万人,几乎相当于印第安人的一半。未被屠杀的印第安人,则被赶到美洲西部山区圈居在一些荒凉地段,即所谓"印第安人保留地"。

美洲现有的印第安人主要聚居在拉丁美洲,其中墨西哥高原和安第斯山脉是印第安人主要聚居地区。

美洲虎

美洲虎也叫美洲豹,是南美最凶猛的野兽,它的足迹遍布南美大陆,阿根廷到智利都可以在深山密林中发现美洲虎的踪迹。美洲虎的皮毛颜色像金钱豹一样有美丽的斑纹,银灰色或橘红色的皮毛上有一圈圈黑斑,不过黑斑的密度比金钱豹大得多。美洲虎的体型比金钱豹大,通常2米多长,而且四肢粗壮有力,嘴巴粗大,牙齿锐利,其凶猛程度不亚于老虎。有人做过研究,一只美洲虎平均每年要吃掉60只绵羊、120只山羊,12头水牛和其他小动物。因此,美洲虎成为美洲畜牧业的天敌。

美洲虎捕捉食物时,精力充沛,机智敏捷,这在世界上是有名的。每当它发现猎物后,就以轻盈的步伐偷偷地靠近,乘对方还没有反应过来的时候,它竟猛然跃起把猎物扑倒,如果猎物逃跑,美洲虎就紧追不放,一直到把猎物咬死为止。

大食蚁兽

这种奇异的兽类,只居住在南美洲,在动物分类学上属贫齿

目、食蚁兽种，是美洲一种特有的哺乳动物。所谓贫齿目，即无牙齿或少牙齿。

大家都见过无齿的家禽，如鸡、鸭等，食蚁兽吃东西时也是囫囵吞枣，只是进食方式不同鸡、鸭罢了。食蚁兽是以蚁类为主食。食蚁兽的嘴细小如锥，舌细长似绳，眼、鼻、耳孔也很小。当它用长嘴前端的鼻子嗅出白蚁的气味后，便使用前爪刨开蚁封，向白蚁窝直捣而去。正值白蚁受惊逃窜时，食蚁兽便伸出它那长约30厘米的舌头，粘吸白蚁。那么它的舌头又是怎样准确地"粘"住白蚁呢？原来食蚁兽还有一个"百宝囊"——高度发达的下颌唾液腺，它能源源不断地分泌出一种黏液。这种黏液能像胶布似的，把一个个白蚁粘住，并送到嘴里，囫囵吞噬。食蚁兽就靠这条伸缩自如的长舌来专门"抓"取蚁类或昆虫充饥的。其中蚁类又是它最爱吃的美肴，故称食蚁兽。一只食蚁兽每餐都要吃相当数量的白蚁，有人曾在一只未成年的食蚁兽肚囊中发现过1磅重的蚁或蚁的幼虫。热带地区生存着大量作恶多端的树白蚁和地白蚁，其中有一类叫食肉游蚁，常常成群结队的穿过丛林，碰上了任何东西都敢进攻。它常常把大蛇包围起来，群起而攻之，只用一会时间就把它的肉吃得一干二净，剩下的仅是一架累累白骨。而专爱吃蚁的食蚁兽，能够把这些害物消灭掉，这对人类或其他动物、植物显然是一大功勋啊！

食蚁兽的相貌，除嘴、舌特殊外，还有许多奇特的地方。例如它的前腿粗壮有力，爪子也很强悍尖锐，略有弯曲如同镰刀，这是为了用于自卫或掘穴灭蚁，食蚁兽的皮肤长得又硬又厚，可防其他动物的尖齿利爪。

大食蚁兽体大如猪，身长可达1.3米，高0.9米，体重约30~35千克，大食蚁兽的尾巴特别大，下雨天和大热天可以竖起来当伞撑，晚上铺在地上，可当现成的绒被头。大食蚁兽对子女照料是

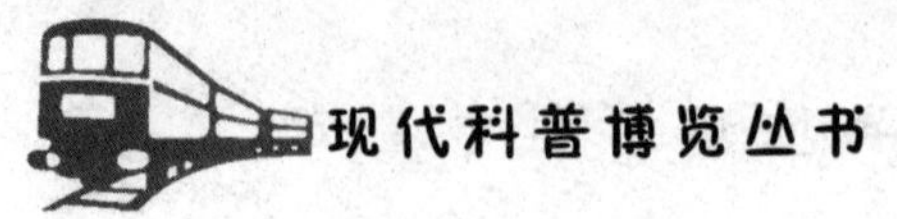

非常用心的，几乎在整个哺乳期间，它都精心的看管，生怕别的动物对爱仔下毒手。为此，大食蚁兽总是把幼兽驮在背上，形影不离，一直守护到母兽下一次妊娠时为止。此兽是行栖地面生活的唯一食蚁兽，主要居住于热带草原和疏林中，尤其是水边低洼之处和森林沼泽，更是它喜欢的乐园。

犰　狳

犰狳全身披挂，坚甲护身，好像古代的“武士”，这种特殊的生态，是为了达到御敌自卫的目的，故又有“铠鼠”之称。

那么，它那“盔甲”是用什么做的呢？原来犰狳的身体可分前、中、后三段。前段和后段的骨质鳞片结成整体，就像龟壳，不可伸缩，中段的鳞片可分成瓣，由筋肉相连，可伸可缩。此外它的头、尾、四肢也有鳞片，这些鳞片实际上是由许多小骨片构成的，每个骨片上长着一层角质的物质，特别坚硬，宛如“装甲”。每逢遇到敌人，这层角质鳞甲，就成为最有效的防护壳。

据动物学家的研究，犰狳在哺乳动物中，是具备完善的自然护御能力的动物，主要手段可概括为：“一逃、二堵、三伪装”。所谓“逃”，即逃跑速度相当惊人，犰狳具有很灵敏的嗅觉和听觉。当它感到环境危险时，能够快速把自身隐藏在沙土里。别看它的脚长得短，掘土、挖洞的能力却很强，刚刚还看到它仓皇而逃，可是你到跟前一看，竟出其不意的不见了，它到底藏到哪儿去了呢？恐怕只有熟悉它的人，才能根据刚刨出的新土，断定它已钻进了地洞。所谓“堵”，就是它逃入土洞后，用其尾部盾甲紧紧堵住洞口，就像“挡箭牌”似的，使你无法伤害它。所谓“装”，就是把全身紧紧蜷缩成球形，使身体被四面八方的“铁甲”所包围，成为一个

“铁甲团”。

犰狳过着地栖生活，属夜行动物。白天伏在洞内，一到晚上，它们便从洞内钻出来觅食，昆虫、蠕虫、甲虫、黑蚁、鸟卵、蜗牛、蛇类、蝗虫等都是它的美肴。

树 懒

树懒是南美洲热带森林中一种原始的、奇特的珍贵动物。树懒主要分布在巴西、圭亚那、厄瓜多尔、秘鲁、巴拿马、尼加拉瓜和西印度群岛。树懒体型不大，身长半米左右，体宽，头小面圆，耳极小隐藏在浓毛中。

树懒常年居住在树上，生活习性极为特殊。据动物学家观察，一只树懒可以连续几天倒挂在树枝上不挪动地方，饿了渴了就随手摘些树叶和果子充饥解渴。由于热带雨林树叶、果实生长迅速，老叶吃掉了很快又长出了新叶，而且这里的树叶，果子汁多，环境又阴湿，用不着下树找水。这些都给树懒能长时间地“懒”在树上创造了条件。小树懒出生后就倒悬在树上睡觉、休息、行动、吃食。有时候偶尔下地，行走爬行摇摇晃晃，不仅速度缓慢，1分钟只能2米左右，而且常常摔跟头。这是因为树懒的瓜子呈钩形，便于攀移，而不便于站立，还因为它长期悬挂，已失去平衡能力。树懒的毛倒很奇特，一般动物的毛大都由背部倒向腹部，而树懒的毛由腹部倒向背部，这同它长期倒悬姿态相适应。

树懒避敌防身的本领主要靠伪装。它生下来的时候，毛是灰褐色的，但不久变成绿色，同周围树叶的颜色一模一样。当它蜷伏在树枝上休息的时候，通常很难发现。因此，树懒有个别名叫“拟猴”，就是说它能模拟绿色植物，巧妙的伪装，把自己隐蔽起来。其实是树懒身上长满了绿色的藻类和地衣，几乎每根毛上都包上了绿色细草。为什么树懒身上能附上一层神秘的保护色呢？据科学工作者研究表明，原来树懒终年很少移动，加上它的毛粗糙蓬松，为藻类植物提供了良好的园地。树懒身上排出的水气和它呼出的二氧化碳，为藻类提供了营养，使之迅速繁殖起来，而一些以草为生的虱子、甲虫、蛾子也随之而来，这样形成共生现象。当一只小树懒刚出世，细小的绿色藻类就看中了它，附在它的毛上，逐渐长成细丝似的绿藻，给树懒穿上一件翻毛绿大衣，树懒就可以在伪装下安然地睡大觉了。绿色的藻类靠树懒为生，而树懒靠细草伪装，这种巧妙的结合也是自然寄生态系统的表现。

得天独厚的秘鲁渔业

秘鲁共和国位于南美大陆西北部，是世界上最大的渔业生产国和出口国之一。1970年秘鲁的捕鱼量曾达到1238万多吨，创造了这个国家渔产史上的最高纪录。近年来由于沿海洋流的变化，捕鱼量下降，但一般仍占世界捕鱼总量的1/6左右。

世界上几个主要的大渔场几乎都在寒暖流交汇的海域，只有秘鲁渔场例外。

秘鲁西濒太平洋，海岸线长达3080千米。沿海岸的岛屿星罗棋布，且沿海有一股强大的“温博特寒流”从南向北流动，便秘鲁沿海的海水比洋流外的海水温度低8℃左右，向北流动的寒流在常年盛行的南风和东南风吹拂下，使表层海水偏离海岸，中层冷水因为受到搅动而上泛，这样既降低了水面温度而又带来了含有大量矽藻的海洋浮游生物和其他营养物质。加之这里终年多雾，日照不强，有利于浮游生物的滋生和繁殖，为鱼类的繁殖和生长

提供了理想的环境,使秘鲁沿海成为世界著名的渔场。得天独厚的自然环境为秘鲁人民奉献出丰富的渔业资源,据科学家考察,秘鲁沿岸的鱼类多达270多种。秘鲁一首歌词中写道:“雄伟的安第斯山是我们的矛,广阔的太平洋是我们的盾,我们在高山上耕种,我们在大海中收获。”

在秘鲁繁多的鱼种中,秘鲁小沙丁鱼占每年的捕鱼量的90%。秘鲁小沙丁鱼身长只有三四寸,头尖口大,鱼体呈蓝绿色。秘鲁小沙丁鱼不能吃。1950年科学家发现秘鲁小沙丁鱼可以加工成鱼粉,鱼粉呈棕黄色,含有丰富的蛋白质,是牲畜和家禽的上等饲料。现在国际市场需求量增加,每年大约需180万吨,而秘鲁的鱼粉远销包括我国在内的50多个国家,主要买主是德意志联邦共和国和荷兰。

秘鲁渔产品的出口占国家外汇收入的1/3。全国有渔民4.8万人,依靠渔业生活的人数达到50万。秘鲁现有各种捕鱼船2000多艘,总吨位为18万吨,沿海共有20多个渔港。为了发展渔业生产,一方面加强科学研究和海洋知识的普及;另一方面坚决捍卫200海里海洋权的斗争。

可可和可可树

可可是世界三大饮料之一,是可可树果实的果仁,营养丰富,所含可可碱有兴奋刺激作用,被誉为“绿色的金子”和“黑色的补品”。可可树是一种生长在热带森林中的常绿乔木,原产于南美洲亚马逊盆地,被印第安人称为“神粮树”。树平均高4.6~6米,有的高8米,喜欢生长在土壤肥沃,气候湿热,无干旱季节,并有高大树本为它蔽荫的热带雨林中。一般播种后3~6年开始结果,10~20

年进入盛果期。可可树花簇生在树干上，终年开花，结出的果实形如苦瓜，通常呈红色、黄色或紫色。一棵树要结100~150个果实，成熟后，将可可果摘下来，把果实劈开，取出里面密密麻麻像花生一样大小的种子，在屋里将其晾干，这就是可可豆。将可可豆加工，烘干，磨成的细粉叫可可粉。可可粉和可可豆榨出的油脂是制造巧克力糖的原料，也可供药用，有强心利尿的功效。

世界上主要种植可可的地区在赤道南北20°内50多个国家，其中以非洲的加纳、尼日利亚、象牙海岸和南美的巴西产量最多。

咖啡和咖啡树

咖啡与茶叶、可可都是世界著名饮料，其消费量在世界三大饮料中居第一位。咖啡树是一种常绿乔木和灌木，它喜欢在热带地区1000~2000米的山坡、排水良好、有高大森林遮阳、气候潮湿的地方生长。阴凉、潮湿的气候条件，使林内湿度大，温差小，有利于咖啡碱和芳香物质积累。咖啡树开的花呈白色，有香味，果实呈红色，形状如樱桃，内含两颗种子，有大粒种、中粒种和小粒种。采下的咖啡果，经过发酵去掉富含浆液的果肉，晾干后，称带皮咖啡。将带皮咖啡去皮，净化、烘干后就成为咖啡豆，即可供应市场。一般在市场上买到的咖啡粉是咖啡豆经过炒磨加上各种配料制成的。

非洲埃塞俄比亚西南部的咖法等是咖啡的故乡。“咖啡”的名称就是由“咖法”这个地区名称演变而来的。这里产的咖啡以粒大、味香著名。据传，咖啡是由当地一个牧羊人看到羊吃了野生的咖啡果后异常活跃，窜来跳去，甚至通宵不眠的异常现象而发现的。以后埃塞俄比亚人就取煮咖啡的汁液作为饮料，后来逐步

引种到东南亚、拉丁美洲和非洲等其他地区,成为世界上重要的热带经济作物。现在世界上生产和出口咖啡最多的国家是南美洲的巴西,年产120多万吨。

咖啡是如何传到拉丁美洲的,说法不一。其说之一者,1706年一棵爪哇生长的咖啡树,送到了荷兰植物博览会上展出。这种自花授粉的植物,在异国他乡繁育出了下一代,8年后荷兰人将新生的咖啡树赠送给法国国王路易十四。当时法国有一个总督要离开法国去拉丁美洲就任,他悄悄地从那株咖啡树上摘下一根枝条,在返回加勒比海的途中,他精心照管它,用船上有限配给的淡水浇灌它,可惜到达目的地时,这根咖啡树已枯萎多时了。在1722年,法国和荷兰为争夺几内亚发生纠纷时,葡萄牙派出一名军官以中立者的身份去几内亚调解。他在几内亚逗留期间,一位法军官的妻子为他偷了几粒咖啡种子。后来这个军官把这几粒种子带到了葡萄牙殖民地巴西,于是咖啡便开始在拉丁美洲传播开了。

巴西利亚

巴西的首都——巴西利亚,被誉为世界上最年轻、最漂亮、最富有象征意义的城市。它的诞生和发展仅仅有20多年,首都建设的成就,标志着巴西逐步走向现代化。

巴西的首都起初在萨尔瓦多,后来迁到里约热内卢,这两个城市都在海边。为了更好地开发内地,巴西人民把新首都选在中东部海拔1100米的戈亚斯州的茫茫荒野上兴建。这里气候宜人,土地辽阔,水源充足方便。从1956年8月24日破土动工,只用了3年多一点的时间就建成,于1960年4月21日正式迁都于此。

巴西利亚的设计者在每座建筑物中，都融汇了世界古今建筑艺术的精华。像巴西利亚大教堂，外形很像一顶罗马教皇的皇冠，看上去雄伟别致，令人向往。最新最美的建筑是"曙光宫"，这里大厦的柱子是上长下短的菱形盾牌，这个图案是按印第安人盾牌的样式设计的，意思是：印第安人是整个巴西大家庭的成员。那里还有一个叫"汉宫"的中国餐馆，完全是中国式的建筑。因此，年轻的巴西利亚，曾博得"世界建筑博览会"的美称，它吸引着世界各地成千上万的旅游者。

巴西利亚的城市建设始终遵循一个原则：防止污染，方便工作，方便生活。城市工业只有小规模的无污染的工业存在，住宅区是按一定规格设计的"超级方块"，每个块内有学校、商店、影剧院等。"超级方块"内，凡有空的地方都种树，种花，种草。目前绿化面积已到60%。

巴西利亚还有8个卫星城，全市人口85万，市内只有30万，其他55万全分布在卫星城。通往卫星城的交通十分方便，那里的房租、物价比市内便宜，又非常安静。卫星城的人们白天到巴西利亚上班，夜晚及假日在卫星城休息。

世界最南的城市

阿根廷的乌斯怀亚城位于火地岛的最南端，是阿根廷火地岛的首府，常住居民1.5万人左右，夏天旅游旺季时的游客可达5~6万人，为世界最南的城市。乌斯怀亚西南面有一系列的小岛，中间有条水道叫作比格尔海峡，是太平洋和大西洋的分界线。乌斯怀亚扼海峡咽喉，东可去乌尔维纳斯群岛，西可达大洋洲，南可到南极洲，战略位置极其重要。所以1870年，就有阿根廷人前来居

住,1893年正式建立城市。

乌斯怀亚是印第安语,意为“观赏日落的海湾”。城市前面是蓝宝石一样透明的比格尔海峡;背后的勒乌尔歇雪峰银光闪烁,山坡是郁郁葱葱的原始森林;平地青草过膝,牛羊成群,在万绿丛中,野花点点,清香四溢。

这里居民多从事伐木、养羊、捕鱼等生产,建有鱼罐头、木材加工工业,旅游业发达。

我国南极考察船“向阳红10号”和打捞救生船“丁121号”在历时1个月,航程2万千米的航行后,于北京时间1984年12月19日在这里停靠。

世界最高的首都

世界各国首都的位置,有的在大河的下游,有的在平原的中心,也有的建在山麓下,一般很少有超过海拔3000米以上的。玻利维亚的首都拉巴斯,它位于玻利维亚西部高原,平均海拔3500米,是世界上地势最高的一个首都。

“拉巴斯”在西班牙语中的意思是“和平”,但这座城市在历史上却经历过许多战争。据说,1548年,西班牙殖民主义者曾以“圣母的和平城”命名此城。但是,再美好的名称,也掩盖不了殖民主义者屠杀当地人民的罪恶。

基多赤道纪念碑

赤道线贯穿厄瓜多尔首都——基多城北24千米的加拉加利

镇，是世界上首都建在赤道上的唯一国家，有“赤道首都”之称。印第安人很早以前把赤道线叫作“太阳之路”，而将基多称为“地球中心”，并在这条线上建了一个圆形无顶的太阳观察台，在旁边建造了太阳神庙。1736年5月29日，法国和西班牙地理测量考察组来到这里，历时3年，证明了印第安人确定的赤道方位是对的。并在1740年建了一个简易赤道纪念碑。1744年，在离基多之北24千米的地方，崇山峻岭环抱的加拉加利小镇上（纬度0°，海拔2480米）再建了一座世界著名的赤道纪念碑。碑高10米，以赭红色花岗岩砌成四方塔体，顶端竖一个醒目的大型石刻地球仪，南北两极对着南北方向，球腰围着一道代表赤道的白色中心线。此道白色中心线就是南北半球的分界线——赤道线。碑上刻有“这里是地球中心”的西班牙文的碑文。碑的四个石方位刻有表示东南西北方向的四个西班牙语字母，并镌刻着历代对测量赤道卓有贡献的地理学家的名字。游客来此，背碑而立，两脚分别跨于赤道线两侧，拍摄一张在两半球上的照片，留作珍贵的纪念。凡是来这里游览的人们，都可以得到一张证明，证明他于某年某月某日来到南北半球的分界线上。

随着现代科学技术的飞跃发展，联合国教科文组织和世界测量协会对赤道线做了多次复测，发现稍有误差。精确的赤道线位置应在原碑以南两千米处，于是在旧稗不远的埃基诺西亚尔谷再建立了一座更为宏伟的赤道碑。新碑或旧碑造型一样，只是体积放大3倍。碑高30米，坐落在一个直径100米的大圆盘上。碑顶放置着直径4.5米、重4.5吨的钥质地球仪。碑的东西刻着：西经格林威治78°27′8″，纬度0°0′。碑内中空，有电梯直通碑顶瞭望台。新碑落成于1982年8月9日。厄瓜多尔计划在这里兴建一座占地15公顷、地跨南北两半球的旅游城市，而新碑就是建设这座城市的第一步。

圣保罗南回归线标志塔

巴西联邦共和国位于南美洲北部，地处北纬5°至南纬75°，西经36°~75°（约数）之间，是世界上唯一地跨南北回归线的国家。

巴西在全国最大的城市圣保罗的北部建有一座南回归线标志塔。标志塔的塔高15米，塔身全用花岗岩砌成，并雕塑各种各样的花纹图案，装饰精美。基座有4个拱门，让游人进内参观和观测夏至日（12月21日或23日）太阳直射的景象。在基盘上划有一条15厘米宽的纬线，以示南回归线于此经过。塔身成四方形逐渐向上缩小，东西向刻有“南回归线标志”六个烫金大字，闪光醒目。塔顶置放一直径120厘米的钢球，代表地球。球面划有五条红线，以示赤道，南、北回归线，南、北极圈，作为地球上这五条有重要意义的五条纬线的标志。球的上下方向为一内径25厘米的管道，供夏至日太阳直射时验证之用。地面基盘由两层石栏杆围住。石栏杆上雕塑具有巴西民族特色的各式图案。基盘四方均有阶梯，方便游人参观。

“巨大的水”——伊瓜苏瀑布

伊瓜苏瀑布位于巴西和阿根廷、巴拉圭交汇处的伊瓜苏河口附近，是举世闻名的大瀑布。来到巴西的游客，无不想亲眼目睹瀑布胜景。伊瓜苏瀑布是瓜拉尼语意“巨大的水”。1542年被西班牙殖民者阿尔瓦·努内斯和德·瓦卡发现。这个瀑布宽3~4千米，落差65~85米。河心岩岛把它分成为三大组瀑布群，每组包括许多小瀑布，总数可达数百个。最高和最壮观的瀑布群是鬼喉瀑，居于河的正中。瀑布群从数十米高处飞泻而下，犹如条条银链从天而降，景色奇绝，气象万千。水流击石，涛声不绝，远在三十千米处可听到流水发出的轰鸣声。伊瓜苏瀑布附近辟有国立伊瓜苏公园，占地50万公顷。这里植物种类繁多，生长茂盛。

世界最高的通航淡水湖

位于玻利维亚与秘鲁交界处的的的喀喀湖，海拔3812米，是世界最高的通航淡水湖。美丽的湖水景色使的的喀喀湖成为玻利维亚的旅游胜地。的的喀喀湖的湖面广阔，碧波荡漾，四周群山青翠。不时可见土著居民用一根两头略宽中间稍细的篙状长浆，驾着用香蒲草制成的舟筏捕鱼。湖上散布着太阳岛、月亮岛等36个小岛。太阳岛上有印第安人建造的太阳神庙的残迹，相传很久以前，太阳神在这个小岛上造出一男一女，而后子孙绵延，形成了印加民族。因此，印第安人把太阳岛当作圣地，纷纷到岛上的太阳神庙顶礼膜拜，将带来的礼品放置在一块叫作“的的喀喀”的巨石上。印第安人十分尊崇这块“的的喀喀”巨石，每天清晨都要在石上拂洒当地妇女自制的美酒。西班牙殖民者征服了这个地区后，“的的喀喀”巨石的传说广为流传，逐渐成了大湖的名称。

大洋洲

椰子和可可之国

在浩瀚的太平洋上，散落着众多的岛屿，它们像飘浮在大海上的片片绿叶，景色迷人。在波料尼西亚群岛的中心，有个美丽的岛国——西萨摩亚，意为“航海者之岛”，地处航道要冲，是波利尼西亚的“心脏”和“摇篮”。

萨摩亚原是大洋洲的一个古老王国。1830年以后，英、美、德相继占领了该岛。1900年，美国和德国协定以西经171°为界把萨摩亚划为东、西两都，东部属美国，西部属德国。第一次世界大战以后，西萨摩亚一直由新西兰托管，直到1962年元旦宣布独立。

西萨摩亚面积2947平方千米，有16万人（其中有华人4000左右，首府阿皮亚是华人聚居之所）。西萨摩亚气候暖湿，土地肥沃，物产丰富。香蕉、芋头和面包果是当地岛民的主食。

西萨摩亚向有“椰子和可可之国”的美称。椰子种植面积近2万公顷，椰子占出口产品第一位，每年出口2万多吨。在这里，到处是这种“生命之树”。可可的生产，也在西萨摩亚经济中占有重要地位，每年出产1500~2000吨，几乎全部出口，占出口产品的第二位，在世界市场上久负盛名。

太平洋上的磷矿岛

辽阔的热带海域,为种属繁多的鸟类提供了丰富的食源。星星海岛是鸟类长途觅食后良好的栖息场所。在冗长的历史时期内,不少岛屿上都留下了一层深厚的鸟粪。鸟粪经过长时期的积压,在成矿作用下,变成了坚硬的磷酸盐矿,在众多的太平洋岛屿中,以瑙鲁岛、大洋岛和马卡蒂亚岛磷矿藏量最大,号称太平洋的"磷矿三岛"。

瑙鲁岛是最早被发现的。据说,1900年有位海员将那里的一块"石头"带到了澳大利亚,无意中被化验,发现是品位很高的磷酸盐矿石。此后英国人和澳大利亚人很快就到瑙鲁岛和大洋岛,进行了磷矿的探查和开采。1908年,英、法又合伙来到了马卡蒂亚岛。

瑙鲁岛在三岛中藏量居首,约有1亿吨左右。产量也最多,1968年年产量曾达200万吨。每年向澳大利亚、新西、兰和日本大量出口。

大洋岛位于瑙鲁岛之东约300余千米。这里磷矿年产量1970年达53.9万吨,全部向澳大利亚和新西兰出口。每年数10万吨的磷矿,对于一个人口仅2000余的大洋岛来说,是一笔可观的收入。

马卡蒂亚岛远在瑙鲁岛和大洋岛3000千米之外的土阿莫土群岛西部。这里的磷矿藏量和产量虽不如上述两岛,但年开采量一般也在30万吨上下。主要输往日本,少量输往新西兰。

由于大规模的开采,三岛的磷矿现在仅存的都很少了。瑙鲁岛只能再开采10来年,大洋岛仅能开采几年,马卡蒂亚岛于1966年9月就关闭了矿场。

面包果

面包果是南太平洋岛屿上居民的一种最常见的食品。从斐济到汤加,从所罗门群岛到土耳其群岛,海边山坡,房前宅后,到处可见到生长茂盛的面包果树,枝叶婆娑,郁郁青青。

面包果树是桑科中的一种常绿乔木,树高十几米至二十米,叶状似掌,花如黄花菜,其果大小不一,大的如排球,小的似柑橘,呈浅绿色,熟遣时黄色。面包果成熟之季,一树数百颗碧玉般的果实,密密匝匝,与深绿色的浓叶相映衬,一眼望去颇有"万颗金丸缀树稠"之诗情画意。

由于各地水土条件不同,山冈干旱处的面包果一年收摘两次,海滨湿润处的一年可摘三次。即一茬摘完,接着又开花挂果,连续不断。有的面包果无籽,有的有籽,以无籽者价值最高。

面包果虽称"果",但不能生吃,煮熟或烤热后才能吃。其味道酷似面包,故得此名。这种面包果内多淀粉,营养丰富,是太平洋岛上居民的一种食物。

皮特凯恩岛的故事

1790年,英国轮船"邦迪"号船员和船长闹翻,9名船员带领着当地波利尼西亚人6男12女乘船东逃,最后来到了一个荒凉的小岛上定居下来,这个小岛就是皮特凯恩岛。它坐落在南回归线附近的土阿莫土群岛的最南端。面积还不足5平方千米,孤悬在东南太平洋上。27个人来岛定居后,起初过着十分原始的自给自足生活。经过100多年的繁衍,最多时人口超过200人,近20年来,由于大量青年去新西兰学习和工作，人口逐渐减少。1976年仅82人，目前约有100人左右，是大洋洲人口最少的地区。

由于人口很少，生产水平低下，岛上的主要生产和生活资料都集体所有，集体分配。每天清晨，岛上钟声响起，居民都聚集在议会厅前，听候分配工作。

皮特凯恩岛地处热带，终年气候温和，水量充沛，土地肥沃。全岛一半面积种植着甘蔗、咖啡、芒果、柑橘、香蕉、菠萝、面包果、椰子及各种瓜果蔬菜，终年一片翠绿，瓜果飘香。

由于地处巴拿马运河到新西兰的航线中途，皮特凯恩岛成了过往海轮补充淡水和新鲜水果、蔬菜的理想之所。每当海轮停靠之时，岛上钟声敲响，居民们纷纷聚集在岸边，欢迎“海外来客”。然后驾着木舟，带上大批的鲜果、鲜菜和土特产，换回面粉、土豆、洋葱、炼乳、肥皂、钟表、衣服等日用品。换回的东西摆在广场上由妇女们细心地平均分配，每家一份。这种以物易物的方式称为“海岸贸易”。皮特凯恩人信奉基督教，每到星期六，全岛不劳动，不抽烟，不喝酒、咖啡、茶等兴奋剂，不吃猪肉和无鳞的水族，大部分时间在教堂度过。他们对外来海轮很友善，有时即使得不到需要的物品，也能在海轮驶离时以歌相送，即使海轮碰巧星期六到来，岛民遵守教义，不做交易，但也能无偿地供给轮船一些淡水与鲜果。

岛上除了从事农耕、捕鱼和榨糖、酿酒、修船，还发行邮票。他们以本岛风光为图案，制成的精美邮票深受世界集邮者的欢迎。每次海轮来岛，都要带来千封左右的购买邮票的信件，邮票为皮特凯恩岛赚得了一笔可观的外汇收入。

夜轉凯恩岛居民正在积极争敢独立。一旦独立实现，它将是世界上人口最少的国家。

企鹅岛上的奇迹

众所周知，南极是企鹅的故乡。你可知道，澳大利亚南海岸，包括塔斯马尼亚岛和新西兰等地，也是企鹅群栖之所。

企鹅家族庞杂，种属众多。澳大利亚南部的企鹅是仙企鹅，也叫小企鹅，在企鹅家族中是体形最小的一种。它身长仅40厘米，比起身长1米以上的南极企鹅来讲，只能算是“小弟弟”。仙企鹅体形虽小，但风姿不减：身长退化了的短小双翼，它不能支撑身躯在空中飞翔，但在水中它却成了一双有力的桨，使仙企鹅能以每小时几十千米的速度在水中飞速前进。在陆地上走起路来，头重脚轻，摇摇晃晃，再配上那洁白的胸脯和蓝色的背部和头顶，成群结队，蹒跚而行，活像一群身穿燕尾服的西方绅士。因为它小巧玲珑，饶有风趣，才获得了“仙企鹅”的雅称。

澳大利亚南部海上有个菲利普岛，是个有名的企鹅岛。凡是到澳大利亚的游人，无不来企鹅岛一睹仙企鹅登陆的奇景。岛上有块告示，上面写着：“企鹅下午八点零五分登陆”。每到下午，这里人山人海，人前是海滩，岸上安有照明灯。八点临近，人们不时观看手表：八点零五分到，第一只企鹅便在汹涌澎湃的浪涛中出现了，分秒不差！一只登陆的像是个“总领队”，它一到岸边，在沙滩上左顾右盼一番，然后回头引领一群企鹅陆续上岸，约50只。“总领队”单独站在前端，其他在后面排队，3个一排，整整齐齐，犹如经过严格训练的一般。队伍排好后，“总领对”“嘎嘎”一声令下，全队开步向前，直奔海滩沙丘。第一队登岸后，第二队接踵而至。如此一队又一队在同一地点登陆，一夜间达2000多只！

每年春季(9～11月)，仙企鹅便在海滩上挖洞穴居。不久雌鹅产卵，每次3枚。孵卵期间，雄鹅出海觅食，喂养雌鹅，小鹅出世后，父母双双出海捕食，共同喂养小鹅。据说，仙企鹅无论离“家”多远，从不迷失方向。沙丘上有成千上万个巢穴，但企鹅都能准确地走向自己的“家”。

在澳大利亚，这种企鹅岛不仅仅是菲利普岛一个，还有巴斯海峡中的另一岛屿以及西海岸的弗里曼特尔，都栖息着众多的仙企鹅，成了澳大利亚著名的游览胜地。

澳大利亚大堡礁

澳大利亚地图上，可见大陆东北沿海，有一条南北绵长、密密麻麻的大红色的花纹符号，这就是世界最长的珊瑚礁——大堡礁。

大堡礁北起南纬9°的伊里安岛海岸，南到南纬24°42′的澳大利亚散迪角，全长约2400千米。它的北段有些部分宽不超过2千米，往南则扩大到150千米。总面积约8万多平方千米。

这种堡礁，是热带海洋上一种微细的珊瑚虫遗骸积聚形成的。珊瑚虫喜欢附物群聚，同时体内钙质很丰富。在缓慢下降的海岸岩石地带，无数附生的珊瑚虫层层生长，层层死亡，它们的遗骸就形成了珊瑚礁。大堡礁随着海水的涨潮落潮而时隐时现，有的堡礁在洋流的堆积作用下，形成了珊瑚岛。

大堡礁是海上航行的障碍，船舶经此，只有在熟悉航道的领航船引导下，小心翼翼地沿着弯曲而危险的水道缓缓航行。不过，大堡礁与大陆之间还有一带宽约20～350千米的水道，堡礁较少，海水较深(35～70米不等)，为海上航行开了方便之门。

大堡礁虽然有碍航行，但具千姿百态、五光十色的礁群和珊瑚，也为澳大利亚提供了新颖的观赏资源。目前，已开创了别具

一格的"海底旅游",吸引了国内外无数游人。游人坐在有玻璃窗口的潜水船只中,可见千姿百态的洋鱼类穿行在五光十色的珊瑚礁之中,使人耳目一新、大开眼界。

珍奇的鸭嘴兽和大袋鼠

母鸡下蛋,小牛吃奶,下蛋的动物不吃奶,吃奶的动物不下蛋,这一现象在人们的印象中已经是习以为常、天经地义的了。然而你可知道,澳大利亚就有那么一类既下蛋又吃奶的动物,它们的学名叫单孔类卵生哺乳动物。鸭嘴兽是它们的代表。

鸭嘴兽是种外貌似鸭的兽类动物,嘴有扁长的喙,脚上趾间有蹼,短密的绒毛披身。它有个独有的特征:排泄和生殖器官共其一孔。它卵生,又哺乳,但没有真正的乳汁。幼仔从卵中破壳降世之后,长喙插入母亲乳腺区舔舐乳质,鸭嘴兽体温较低(26~34℃),脑子很简单,成天傻乎乎的惹人喜爱。它喜过半水栖生活,它的洞穴一端开口于水中,另一端在陆地上扩大成巢。

大袋鼠是一种低级的有袋类哺乳动物。此类动物的共同特征是腹部有袋,虽说较之单孔类高,但仍低于一般高等哺乳动物。大袋鼠是胎生,但没有胎盘,幼体在母体中还没有得到充分发育时就降生到袋中,只有一个胡桃那么大,和头尾长2米的母亲很不相称。幼仔在袋中不会吸乳,靠母亲乳囊压缩乳汁流进嘴中。大袋鼠脑子简单,性格温和,以草叶为食,跳跃式行进。尾巴粗长有力,是防身对敌的武器,坐下时尾巴落地,又像一支大腿。

澳大利亚牧业的大敌——野兔

现在的澳大利亚,牛羊成群,兔子很多,但它们都不是当地的

“土著”，而是其他大陆的“移民”。

1857年，英国殖民者带去了24只兔子放在动物园中。1868年动物园失火，兔子园篱被毁，兔子窜于旷野。优越的草原环境很有利于兔类的生长，从而野兔繁殖奇速。仅二三十年的时间，野兔就成了牧业的大敌。数10亿只野兔成群结队地来往于草场之上，公路上被压死的野兔比比皆是。大量的野兔与牛羊争草，对牧业发展威胁很大。为了对付野兔，牧场主在牧场周围安上铁丝网，但兔子有善于打洞的特殊本领。兔子为害，澳大利亚牧场主们一筹莫展，只有用原始的手段——进行大规模捕杀。捕杀也不会解决问题，兔子还是有增无减。

大洋洲植物猎奇

1.桉树

澳大利亚是举世闻名的桉树的故乡，在这里随时可见一片片绿绿葱葱的桉林，一阵阵桉叶芳香随风飘送，令人心醉。

桉树种类繁多，最高者创下了97米的世界纪录。它抗风抗浪性能好，耐贫耐旱，生长奇速，且木质优良。用桉叶提炼的桉油是一种经济价值很高的芳香油，桉树的枝干不仅是优质用材，也是热带地区含树脂较少的一种难见的高级造纸原料。现在桉树已引种到了世界各地。

2.储水树

澳大利亚有种“储水树”，树干两头细、中间粗，像是鼓着一个

吃得很饱的大肚子，远远看去，又像一个插有花枝的巨大花瓶。这种树生长在澳大利亚腹地广大沙漠之中，靠它发达而长的根系大量从深处吸吮水分，来填饱自己的“肚皮”。奇异的储水树，给那些在干旱地区旅行的人带来了福音：遇到口渴之时，只要用小刀在花瓶似的树干上挖一个小孔，洁净而清凉的水就会“哗哗”地流出来，不仅解渴，而且清凉爽口，一个小孔的流量足能让几个人喝个够。

3.米树

伊利安岛上，有一种能生长“大米”的米树。它高约20米左右，树干粗壮笔直，四季常青，长到20年左右才开花，等花一谢，树便枯死。当地居民往往在开花之前把树砍倒，劈成两半，取出饱含淀粉的本质部分放在清水中浸泡、搓洗，淀粉就沉淀下来了，最后将淀粉压成均匀、坚实的小颗粒，便成了洁白的“西谷米”。一株米树可取“米”近200斤，5口之家只要砍下10来株米树，一年的粮食问题便解决了，这种“西谷米”含糖分和蛋白质很少，味道不如大米，但它不怕虫蛀，从而用它做的浆料是纺织业的喜爱用料。国际价格远远超过大米。

“骑在羊背上的国家”

现在世界上约有绵羊10.5亿只，每年产羊毛200多万吨，羊肉700多万吨。在养羊各国中，澳大利亚首屈一指。

澳大利亚饲有绵羊1.64亿只，约占世界总数的1/9，每年生产羊毛约87万吨，占世界产量的1/3。平均每人拥有绵羊10多只，人平均年产羊毛68千克。羊，是澳大利亚的巨额财富，是澳大利亚的骄傲和象征，一向被人称为“骑在羊背上的国家”和“羊毛之国”。在澳大利亚的国徽上，曾绘有一只绵羊。

澳大利亚每年向海外大量出口羊毛，出口量约占世界总出口量的一半，其中细羊毛占世界的2/3。

澳大利亚的养羊业有两大特点：第一，大量饲养毛质优质的美利奴羊。这种羊原产于西班牙，经过长期的选种培育，已成为一种世界性优质毛用羊。澳大利亚的绵羊，3/4为美利奴羊，毛质坚实细长。一年剪羊毛四次，一般公羊年可剪毛4.5~6.5千克，最好的羊一年可剪毛30多公斤。平均产毛率高出世界水平70%。

第二，一般倾向于绵羊与小麦混合经营。不少种植小麦的农场同时从事养羊业。小麦摘穗之后，利用茬地放羊。这种经营方式不仅有效地利用了小麦副产品和提高了土壤肥力，也是农牧场主用来调整商品生产的一种手段：国际市场上小麦涨价，就大量种植小麦；国际市场上羊毛涨价，就重视饲料生产，甚至小麦还未成熟，就收割作为饲料。现在，澳大利亚不仅是世界上养羊最多、产羊毛最多和出口羊毛最多的国家，也是著名的小麦输出国之一。

大洋洲的花园——堪培拉

澳大利亚首都堪培拉是个只有50多年历史的年轻城市。市内到处林木葱郁，浓荫蔽日，花坛遍布，被誉为“大洋洲的花园”。堪培拉设计新颖别致。从空中鸟瞰，各种弧形、圆形、三角形、四方形、六角形等几何图形构成了一幅巨大的色彩鲜明的艺术图案。

年轻的堪培拉是世界上绿化最好的都市之一。绿地面积占

58%，人均绿地达70平方米。市内一个大型植物园占地近70公顷，园内种植了包括我国的银杏、水杉等世界上的各种珍贵植物。按政府规定，所有建筑物，包括国会、总理府、使馆等，都不造围墙，只用绿树作墙。居民住宅之间，有用金合欢作屏障，有用排列整齐的梨树作篱笆，组成了一条条微型林带。每逢开花季节，这些鲜花怒放，金合欢组成了一条条彩龙，异常绚丽夺目；雪白的梨花犹如一片片晶莹洁白的银色花帘，香花飘逸，充满了一种令人神往的田园风味。

堪培拉出色的绿化环境，使当地人民受益匪浅，延年益寿。21万市民中，80岁以上的寿星就有1万多人。美丽的堪培拉已经与著名的日内瓦相媲美了。

澳大利亚的新金山

澳大利亚最南端的墨尔本，是仅次于悉尼的第二大城市。19世纪中叶，墨尔本附近发现了大金矿，一时掀起了一股淘金热。1855年前后，曾有几万名华工被雇用前来开采金矿，他们把这里称为“新金山”，以区别于美国的“旧金山”。至今，墨尔本的澳籍华人仍有1万多。

墨尔本东西长72千米，南北不到32千米。蓝绸般的亚拉河从城南迤逦流过，淌入碧波万顷的菲利普湾。市区中心耸立着三四十层的高楼大厦，四周还有一些一二层小楼房，维多利亚式、哥德式和现代风格的建筑错落有致，融为一体，十分协调。从中可以窥见墨尔本城市演变的历史。

繁华热闹的墨尔本，还拥有不少环境清幽的公园。在菲茨罗伊公园，花木种类繁多，空气中弥漫着花草清香。林荫深处有一所典型英国风格小屋，这就是著名航海家库克船长的故居。库克船长率领船队远涉重洋，克服重重困难，于1770年驶抵澳大利亚东海岸。后人为了纪念他，把他在英国的克那的菲茨罗伊小屋全部拆迁到这里，然后照原样重建，就连攀缘墙上的常春藤，也是库克家的那一颗。人们来到这座公园，无不去参观库克的故居。墨尔本的皇家植物园，有植物1万多种，堪称南半球规模最大的植物园。在距墨尔本60千米处，有一座珍奇动物保护园，园内除有澳大利亚的特有动物鸭嘴兽外，还有会发笑的鸟，珍稀的玉色大鹦鹉，以及能歌善舞、声若琴声的琴鸟。

北岛奇观

新西兰是处在浩瀚无垠的太平洋西南部的一个美丽的岛国。其中它的主要岛屿——北岛的火山以其壮丽的景色蜚声于世。散布于岛上的一座座火山直插云霄，不时喷出白色的烟雾。海拔2796米的鲁阿佩胡火山位于新西兰最大的湖泊——陶波湖的南面，是圆锥形的成层火山，顶部有直径为1.5千米的火山口湖，它是一座间歇火山，1940年和1945年曾两度喷发。附近有不少温泉和间歇泉，是新西兰著名的冬季疗养胜地。它与恩加鲁和火山、唐加利罗火山一起，成为唐加罗国家公园的重要组成部分。海拔2518米的埃格蒙特火山位于北岛西海岸，其形酷似日本的富士山，景色奇异，内有潺潺溪流、飞瀑、苍翠的林带，是吸引游客的胜地。

北岛的沸泉、喷气孔、沸泥塘、间歇泉，是新西兰的另一大奇景。这种地热现象一般出现于火山地区，地下的岩浆沿地层裂缝上升，使地下水形成高温的热水和蒸汽。北岛中部的怀蒙谷间歇泉，喷发高度可达400多米，犹如平地飞泻的瀑布。著名的温泉之

城罗托鲁阿市附近的波胡图的间歇泉，每小时喷吐一次，平均高20米，有时可达40米。喷发时热点腾腾，隆隆作响。恩加莫卡亚科科泥潭，沸腾的泥浆上下翻腾，犹如青蛙跳跃，被称为“蛙池”。

位于北岛东岸的怀托莫萤火虫洞窟，洞内水深英测，怪石横立，萤火虫成群结队，当头飞舞，闪闪发出神秘的光亮，乘船在洞中穿行令人叹为观止。

南岛胜景

纵贯新西兰南岛中部的南阿尔卑斯山，长320千米，是新西兰的最高山脉，有19座海拔3000米以上的高峰，其中海拔3764米的库克山为最高峰，毛利人称为奥佗基山，意为“突出天空”。山顶终年积雪，犹如少女头戴一顶闪闪发光的银冠。库克山的巨大冰川驰名世界。如世界最长的冰河之一的塔斯曼冰川，就长达39千米，宽2千米。如今库克山已辟为国家公园。天气晴朗的日子，新西兰旅游部门提供4人座的小型飞机，可前往冰河猎奇。南阿尔卑斯山还有阿瑟隘口国家公园和亚斯匹林峰国家公园等，这些公园花木扶疏，林木茂盛，山峰险峻，自然风光绮丽魅人。

南岛有众多的峡湾，以岛西南的密福德峡湾最著名。游人荡舟在水中，欣赏周围群山和飞瀑的美景。密福德峡湾是新西兰最大的峡湾公园，公园里还有其他一些峡湾以及碧波粼粼的特阿纳岛湖和马纳披利湖等。

新西兰地热资源

新西兰向以地热资源丰富而称著世界，是世界上利用地热发

电较早的国家。

新西兰有四大地热区，除南阿尔卑斯地热区位于南岛以外，其余三个都在北岛。特别是北岛中部谷地一带，地热资源最集中。四大地热区共有70个热田或泉群，热泉总数超过1000个，总面积达207平方千米，最高温度可达307℃。

北岛中部谷地的怀拉开，是世界上著名的大地热电站之一，它所生产的电力占新西兰全国总电力的8%。怀拉开是个高温热水田，最高温度达260℃以上。当它通过井孔上喷时，产生大约20%的蒸汽，其余80%是135℃左右的热水。喷发出来的蒸汽和热水，经过分离，热汽用来发电，热水用来作生产、生活保暖用水。

南极洲

南极海域的冰山

冰山，是漂浮在海洋里的巨大冰块。南极洲附近海域的冰山，估计共有22万座，总体积约1万多立方千米，是北冰洋数量的5倍，是世界上冰山最多的海域。南极海域冰山分布的总面积为3400万平方千米，比两个南极洲还大，是北冰洋面积的2.6倍。众多的冰山在海面上随海流漂流。它们在阳光的照耀下，晶莹洁白，分外美丽。冰山却是海上航行的巨大障碍。

南极海域的冰山，平均寿命为13年，是北冰洋冰山平均寿命的4倍多。

一般冰山的体积约1.8立方千米，露出水面的部分只有整体的1/7。1956年，美国曾有人在这里观察到了一个长333千米、宽97千米的罕见大冰山。总面积近4万平方千米，比我国的台湾岛还大！

近年来，不少国家闹“水荒”，科学家正在研究把这里的冰山拖回本国，以补充国内的淡水需求。

南极地区的淡水资源

南极大陆93%的地方终年被覆着深厚的冰雪。冰雪层平均厚2000多米，最厚处达4000米以上，冰层体积有2400万立方千米，占世界冰体总体积的90%以上，据计算，这些冰如果全部融化，海水将上涨60米，地球上的许多岛屿和许多沿海平原将被淹没。每年大约有1.4亿吨冰滑入海洋，形成数十万座冰山。这些冰山一般能在海上漂浮好几年，最远可漂到南纬40°附近。淡水奇缺的沙特阿拉伯，正在研究如何将南极冰山托运到中东，以解决本地的缺水问题。美国、智利、澳大利亚等国，也在积极研究如何利用南极的淡水资源问题。

南极雪原上的"绿洲"与温水湖

人们也许以为南极大陆处处是冰天雪地，其实不然，在那风烈雪暴的冰原上，居然也有好几块没有冰雪的"绿洲"和20多个总不结冰的温水湖！

在距离埃里伯斯火山几百千米的地方，有一块面积达1万多平方千米的岩石裸露的丘陵地带，这就是南极著名的世外桃源——干谷。在这个凹陷的谷地里，到处呈现出罕见的巧克力颜色。在这里不仅能躲避令人窒息的暴风雪，而且在天气晴朗的日子，还可以穿着游泳裤，躺在谷底舒舒服服地进行一次日光浴，直到把皮肤晒黑。干谷中的湖泊，如唐湖安塘，湖水奇咸，即使在-70℃也不结冰。

范达湖更是奇特，湖面上有三四米厚的冰层，但在水深60米

的地方，水温却达到27℃！原来，湖面上那清澈异常的冰层仿佛是一面透镜，把极地本来微弱的阳光聚集了起来。并毫无阻碍地透射下去，加热了深层湖水，同时，冰层覆盖在湖面，使冰下热量难以散失，有良好的保温作用。

南极东部的翁达西湖，也是一个不冻结的湖泊。有人解释说，它不结冰的原因是当地的气候条件使水面蒸发速度超过了降雪和结冰的速度。

南极洲大部分湖泊不结冰或只结很薄的冰，湖面年平均气温在-20℃左右，但冰下水温至少有20℃，甚至达50℃左右。

南极温暖的干谷和不结冰的南极湖，它们的形成原因引起了科学家们广泛的兴趣和争论，结论众说不一，真正的谜底，还有待于我们这些立志献身南极事业的未来科学家们去揭晓！